**PEARSON
BACCALAUREATE**

Español B

DEVELOPED SPECIFICALLY FOR THE
IB DIPLOMA

Libro del profesor

CONCEPCIÓN ALLENDE URBIETA • MAITE DE LA FUENTE-ZOFÍO

PEARSON

Pearson Education Limited is a company incorporated in England and Wales, having its registered office at Edinburgh Gate, Harlow, Essex, CM20 2JE. Registered company number: 872828.

www.pearsonbaccalaureate.com

Pearson is a registered trademark of Pearson Education Limited.

Text © Pearson Education Limited 2011
First published 2011

ARP impression 98

ISBN 978 0 435074 52 4

Edited by Philippa McFarland
Designed by Tony Richardson
Typeset by Tony Richardson
Cover design by Tony Richardson

Dedication
Este libro es para los profesores de español que dedican su esfuerzo a la difusión de esta hermosa y vibrante lengua en el mundo.

CONCEPCIÓN ALLENDE URBIETA, MAITE DE LA FUENTE-ZOFÍO

CONTENTS

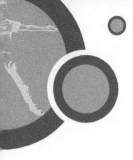

INTRODUCTION

This guide is meant to help the teachers to address the needs expected for the new Language B, IB Diploma Programme. It will help teachers to achieve the IBDP requirements in preparation for the external examinations.

The Student's Book consists of a variety of authentic texts selected for being the most appropriate way of meeting the assessment criteria according to the new skill based approach.

The book is divided into 3 sections, Core (Temas Troncales) Chapters 1 to 12; Options (Temas Opcionales) Chapters 13 to 22 and Literature, Chapters 23 and 24 (Only at HL).

This guide provides clear instructions about reading techniques and different approaches in relation to the level of difficulty of the studied texts. A clear set of answers to every activity is also provided together with advice on how to make the most out of every reading activity.

In addition, clear instructions are provided for the successful completion of productive activities such as writing (written production examples) and speaking (visual stimuli to develop the Individual Oral Activity).

At the end of each chapter in this guide, the markschemes of the authentic exam papers from the Student's Book are provided.

In order to fulfill the examination criteria, a minimum of two choices per Core (6 chapters) and two aspects of two Options (4 chapters) are required.

The chart below will help the teacher to design the course to the best of his/her needs.

Diseño del programa de estudios

Área de estudio	Temas	Aspectos	Fuentes
Troncales	• Relaciones Sociales • Comunicación y Medios • Asuntos Globales	....	
Opcionales	• Diversidad Cultural • Costumbres y Tradiciones • Ocio • Salud • Ciencia y Tecnología	....	

Example:

Área de estudio	Temas	Aspectos	Fuentes
Troncales	Relaciones Sociales	1 Multilingüismo 2 Racismo y discriminación	
	Comunicación y Medios	1 Anuncios 2 Telefonía móvil	
	Asuntos Globales	1 Cambio climático 2 Globalización	
Opcionales	Costumbres y Tradiciones	1 Fiestas populares 2 Gastronomía	
	Ocio	1 Viajes 2 Juegos y deportes	

The next chart helps to divide the programme contents in the two-year approach.

	Primer año	Segundo año
Troncales		
Opcionales		

Higher level students have to read two literary works, offered in Chapters 23 and 24. Teachers are invited to choose whether to read both works in the second year or otherwise.

All chapters are divided into texts and activities. These appear in tinted boxes:

Contenidos (Contents):

Post-reading activities based on general comprehension.

Manejo de textos (Text handling):

Reading comprehension activities based on detailed comprehension techniques as expected in Paper 1.

Gramática en contexto (Grammar in context):

Explanation of a grammar topic as it appears in the studied text through examples and/or specific exercises.

Interculturalidad (Interculturalism):

Comparing aspects presented in the chapter with those of the students' culture.

Intertextualidad (Intertextuality):

Expansion of the studied topic through links to texts exploring different aspects of the main topic presented in the chapter.

Actividades orales interactivas (Interactive oral activities):

Based on texts and links.

Actividades orales individuales (Individual oral activities):

Always based on visual stimuli (authentic photos).

Producción escrita (Written production):

Development of different tasks and formats from the contents presented in the chapter.

Consejos para el examen (Exam hints):

Exam advice to help with answering questions, applying techniques or recognizing parts of speech.

Notas de interés/Notas culturales (Points of interest):

Relevant information which may enrich the contents presented in the chapter.

Teoría del conocimiento (Theory of knowledge):

Questions inviting reflection about the studied topic.

Creatividad, Acción, Servicio (Creativity, Action and Services):

Suggestions of activities related to the chapter's contents applicable to this part of the Diploma programme.

Core chapters design:

This part of the Teacher's Guide provides instructions and recommendations needed to be successful in the completion of Core Topics in the two-year programme. It also gives suggestions and expands ideas in order to help the teachers with:

- General notes/instructions at the beginning of each chapter based on the chapter objectives and supported by a **chart** (*) with the main contents
- More detailed instructions/recommendations on how to approach each text
- Ideas or suggestions on how to make the most of every activity/exercise
- Answers to tasks (**)
- Time planning
- Assessment

(*) **Chapter 1 chart (example)**

TEMAS TRONCALES: Relaciones Sociales	
Capítulo 1 : Dominio lingüístico y multilingüismo	
Objetivos	• Reconocer el dominio lingüístico y sus consecuencias
	• Conocer la diversidad lingüística de España y América Latina
	• Distinguir los topónimos y gentilicios (y su ortografía)
	• Dar opiniones a favor o en contra
	• Aplicar los tiempos del pasado
	• Revisar el Pretérito Pluscuamperfecto
Antes de leer	• Mirar el mapa de España e identificar las diferentes áreas lingüísticas
	• Investigar el conocimiento previo: ¿Cuántas lenguas europeas proceden del latín?, etc.
	• Explorar la situación en Cataluña
	• Explorar las áreas lingüísticas de América Latina

Comprensión y Manejo de textos	• Decidir si los enunciados son verdaderos o falsos justificando la respuesta • Responder a preguntas cortas de acuerdo con el contenido del texto • Completar tablas con la información requerida
Gramática en contexto	• Usos de los tiempos del pasado • Expresiones de opinión, positivas y negativas
Destrezas lingüísticas	• Receptivas: Comprensión de los textos del capítulo • Interactivas: Debate oral sobre la situación lingüística en Cataluña • Productivas: Práctica escrita de las estructuras estudiadas
Vocabulario especializado	• Topónimos • Gentilicios • Términos lingüísticos
Interculturalidad	• Comparación de la situación del español con la de otras lenguas
Intertextualidad	• Enlaces pertinentes a los contenidos.
Teoría del conocimiento	• Diferencias entre el aprendizaje de la lengua materna y una segunda lengua
Tarea	(Uso del profesor)
Notas	(Uso del profesor)

(**) **Example Chapter 1/text 1:**

COMUNIDAD	LENGUA	HABITANTES
Galicia	*gallego*	*gallegos*
País Vasco	vascuence o euskera	vascos
Cataluña	*catalán*	catalanes
Aragón	*castellano*	*aragoneses*
Castilla	castellano	*castellanos*
Andalucía	*castellano*	andaluces

Option chapters design:

This part of the Teacher's Guide focuses mostly on productive skills, and therefore provides a variety of descriptive and analytical techniques which are required to develop a conversation from a visual stimulus based on the chapter's contents, and it also enhances writing abilities by developing a number of texts types and tasks. (See **Tipos de Texto** on Chapter 26 "Claves para el éxito…").

This part will help the teacher with:
• General notes based on the chapter's objectives and supported by a chart
• Detailed instructions on how to approach visual stimuli
• Detailed instructions to develop different writing tasks
• Ideas or suggestions on improving oral and writing abilities
• Examples of "answers to tasks"
• Time planning
• Assessment

TEMAS OPCIONALES: Costumbres y tradiciones	
Capítulo 15 : Fiestas y celebraciones	
Objetivos	• Aprender sobre las fiestas y celebraciones laicas y religiosas • Describir el significado de las fiestas mediante estímulos visuales • Comparar con las celebraciones en su propia cultura (entrada de diario)
Comprensión de lectura	• Completar tabla con el contenido principal • Decidir si los enunciados son verdaderos o falsos
Destrezas productivas: Descripción de estímulos visuales	• Descripción de la imagen representada en la fotografía • Análisis de lo que representa en el marco del contenido. • Unión con otros temas/aspectos cubiertos en los Opcionales
Destrezas productivas: desarrollo de tarea y mensaje en diferentes formatos	• Página de diario describiendo actitud ante las celebraciones
Vocabulario especializado	• Fiestas: Objetos, lugares, vestuario…
Interculturalidad	• Significado del solsticio de verano en diferentes culturas
Tarea	Usos del profesor
Notas	Usos del profesor

Literature programme design (Higher Level only)

It is advisable to choose which part of the programme will be devoted to the reading of the two literary works. One option is to read the first at the end of the first year (March/ April) and the second at the end of first semester in the second year (November). This will give the students enough time to prepare their Written Assignment, which is due in the second half of the second year (February).

This section offers an easy and comprehensive approach to the relevant parts of the (selected) works studied in order to help choose the excerpt, type of text and rationale needed for the completion of the Written Assignment.

This section helps teachers by:
• Offering detailed explanations for an effective literary approach
• Emphasising what is expected in each excerpt of the work (Drama/ Novel)
• Highlighting the relevant themes/aspects that can be explored
• Providing the skills to complete the Written Assignment

Practice questions

At the end of each chapter, a part / a text from a previous examination paper is supplied together with the mark scheme. Where possible, these texts relate to the topic studied in each chapter.

Introducción a la Guía del Profesor

Esta Guía del Profesor está orientada totalmente para cubrir las necesidades del nuevo programa de Lengua B y sirve de ayuda tanto a profesores como a estudiantes para la preparación satisfactoria de los exámenes del Bachillerato.

El libro del alumno presenta una variedad de textos auténticos seleccionados por ser el mejor camino para la evaluación de las destrezas lingüísticas en las que se basa el nuevo programa. Este se divide en tres partes: Temas Troncales (capítulos 1–12), Temas Opcionales (capítulos 13–22) y Literatura (capítulos 23 y 24).

Puede encontrar recursos en línea a su disposición en www.pearsonbacconline.com.
Los recursos incluyen ejercicios, prácticas, y hojas de revisión que complementan cada capítulo del libro.

Para cumplir con todas las expectativas se requiere el estudio de, al menos, 2 aspectos de cada tema troncal (6 aspectos en total) y dos aspectos de 2 de los temas opcionales (4 aspectos en total) a la elección del profesor.

La tabla que viene a continuación sirve como ayuda al profesor para diseñar el programa de estudios de una forma equilibrada:

Diseño del programa de estudios

Área de estudio	Tema	Aspectos	Fuentes
Troncales	• Relaciones Sociales • Comunicación y Medios • Asuntos Globales	....	
Opcionales	• Diversidad Cultural • Costumbres y Tradiciones • Ocio • Salud • Ciencia y Tecnología	....	

A continuación se ofrece un ejemplo:

Área de estudio	Tema	Aspectos	Fuentes
Troncales	• Relaciones Sociales	1 Multilingüismo 2 Racismo y discriminación	Textos a elegir del capítulo (NM/NS)
	• Comunicación y Medios	1 Anuncios 2 Telefonía móvil	
	• Asuntos Globales	1 Cambio climático 2 Globalización	
Opcionales	• Costumbres y Tradiciones	1 Fiestas populares 2 Gastronomía	
	• Ocio	1 Viajes 2 Juegos y deportes	

La siguiente tabla ayuda a dividir el contenido del programa en los dos años estipulados según las necesidades de cada profesor:

	Primer Año	Segundo Año
Troncales		
Opcionales		

Los alumnos de Nivel Superior deben leer dos obras literarias (capítulos 23 y 24). El profesor debe elegir en qué parte del programa (primer año o segundo año) debe leerse cada obra.

Todos los capítulos están divididos en textos y actividades. Estas aparecen en recuadros coloreados según el contenido:

Contenidos:

Actividades post lectura basadas en la comprensión general del texto.

Manejo de textos:

Actividades de comprensión detallada de lectura basadas en las técnicas requeridas para completar la Prueba 1.

Gramática en contexto:

Explicación de un tema gramatical según aparezca su uso en los textos estudiados a partir de ejemplos o ejercicios específicos.

Interculturalidad:

Comparación entre los aspectos presentados en cada capítulo sobre la cultura y aquéllos de la cultura del alumno.

Intertextualidad:

Ampliación del tema estudiado a través de enlaces para explorar otros aspectos relacionados con el tema de estudio en cada capítulo.

Actividades orales interactivas:

Basadas en los textos y ampliadas a través de enlaces.

Actividades orales individuales:

Basadas en estímulos visuales a partir de fotografías auténticas.

Producción escrita:

Desarrollo de diferentes tareas, mensajes y formatos a partir de los contenidos estudiados en cada capítulo.

Consejos para el examen:

Recomendaciones o sugerencias para ayudar a responder preguntas, utilizar técnicas de comprensión o reconocer partes de la oración a través de sinónimos.

Notas de interés/Notas culturales:

Aspectos relevantes que sirven para enriquecer el contenido presentado en cada capítulo.

Teoría del conocimiento:

Preguntas que invitan a la reflexión sobre los contenidos estudiados y sus aplicaciones.

Creatividad, acción y servicios:

Sugerencias para posibles actividades relacionadas con esta sección del Diploma.

Diseño de los capítulos de Temas Troncales:

Esta sección de la Guía del Profesor contiene las instrucciones y recomendaciones necesarias para tener éxito en el estudio de los Temas Troncales a través de estimular las destrezas receptivas a lo largo de los dos años estipulados en el programa. Además, da sugerencias y amplía las ideas para ayudar a los educadores mediante:

- Instrucciones o notas generales al principio de cada capítulo basadas en los Objetivos y apoyadas por **una tabla** (*) con los principales Contenidos del mismo
- Instrucciones más detalladas sobre como enfocar cada texto
- Ideas o sugerencias para sacarle partido a cada actividad o ejercicio
- Respuestas a las actividades/ejercicios (**)
- Duración de cada capítulo
- Evaluación

(*) Ejemplo de tabla orientativa: Capítulo 1

TEMAS TRONCALES: Relaciones Sociales	
Capítulo 1 : Dominio lingüístico y multilingüísmo	
Objetivos	• Reconocer el dominio lingüístico y sus consecuencias • Conocer la diversidad lingüística de España y América Latina • Distinguir los topónimos y gentilicios (y su ortografía) • Dar opiniones a favor o en contra • Aplicar los tiempos del pasado • Revisar el Pretérito Pluscuamperfecto
Antes de leer	• Mirar el mapa de España e identificar las diferentes áreas lingüísticas • Investigar el conocimiento previo: ¿Cuántas lenguas europeas proceden del latín?, etc. • Explorar la situación en Cataluña • Explorar las áreas lingüísticas de Latinoamérica
Comprensión y Manejo de textos	• Decidir si los enunciados son Verdaderos o Falsos justificando la respuesta • Responder a preguntas cortas de acuerdo con el contenido del texto • Completar tablas con la información requerida
Gramática en contexto	• Usos de los tiempos del pasado • Expresiones de opinión, positivas y negativas
Destrezas lingüísticas	• Receptivas: Comprensión de los textos del capítulo • Interactivas: Debate oral sobre la situación lingüística en Cataluña • Productivas: Práctica escrita de las estructuras estudiadas
Vocabulario especializado	• Topónimos • Gentilicios • Términos lingüísticos
Interculturalidad	• Comparación de la situación del español con la de otras lenguas
Intertextualidad	• Enlaces pertinentes a los contenidos
Teoría del conocimiento	• Diferencias entre el aprendizaje de la lengua materna y una segunda lengua
Tarea	(Uso del profesor)
Notas	(Uso del profesor)

(**) Ejemplo de respuestas a las Actividades. Capítulo 1/texto 1:

COMUNIDAD	LENGUA	HABITANTES
Galicia	*gallego*	*gallegos*
País Vasco	vascuence o euskera	vascos
Cataluña	*catalán*	catalanes
Aragón	castellano	*aragoneses*
Castilla	castellano	*castellanos*
Andalucía	*castellano*	andaluces

Diseño de los Capítulos de Temas Opcionales:

Esta parte de la guía se enfoca principalmente en las destrezas productivas, por eso ofrece una diversidad de técnicas descriptivas y analíticas necesarias para desarrollar una conversación a partir de un estimulo visual basado en los contenidos del capítulo y también ayuda a desarrollar la producción escrita a través de una variedad de textos y formatos. (Ver **Tipos de Texto** en el capítulo 26 "Claves para el éxito…").

Esta sección orienta a los profesores/instructores/educadores con:
- Notas generales basadas en los objetivos del capítulo y apoyadas con una tabla
- Instrucciones detalladas para trabajar con estímulos visuales
- Instrucciones detalladas para desarrollar diferentes tareas de producción escrita
- Ideas o sugerencias para mejorar las capacidades orales y/o escritas
- Ejemplos de respuestas
- Duración de cada capítulo
- Evaluación

TEMAS OPCIONALES: Costumbres y tradiciones	
Capítulo 15 : Fiestas y celebraciones	
Objetivos	• Aprender sobre las fiestas y celebraciones laicas y religiosas • Describir el significado de las fiestas mediante estímulos visuales • Comparar con las celebraciones en su propia cultura (entrada de diario)
Comprensión de lectura	• Completar tabla con el contenido principal • Decidir si los enunciados son verdaderos o falsos
Destrezas productivas: Descripción de estímulos visuales	• Descripción de la imagen representada en la fotografía • Análisis de lo que representa en el marco del contenido • Unión con otros temas/aspectos cubiertos en los Opcionales
Destrezas productivas: desarrollo de tarea y mensaje en diferentes formatos	• Página de diario describiendo actitud ante las celebraciones
Vocabulario especializado	• Fiestas: Objetos, lugares, vestuario…
Interculturalidad	• Significado del solsticio de verano en diferentes culturas
Tarea	(Usos del profesor)
Notas	(Usos del profesor)

Finalmente se recuerda al profesor que puede combinar diferentes textos o partes de cada capítulo según satisfaga sus necesidades y se le invita a seleccionar los textos más adecuados al Nivel Medio y aquellos más apropiados para el Nivel Superior.

Diseño del programa de Literatura (Solamente para Nivel Superior)

Primeramente se aconseja elegir en qué parte del programa van a leerse las dos obras literarias. Un consejo sería leer la primera a finales de primer año (marzo/abril) y la segunda a finales del primer semestre del segundo año (noviembre). Esto daría tiempo a la preparación del Trabajo Escrito que tendrá que estar terminado en la segunda mitad del segundo año antes de los exámenes formales.

Esta sección del libro ofrece un acercamiento fácil y comprensivo a las partes más relevantes de las obras estudiadas con el fin de ayudar a elegir el aspecto, el tipo de texto y la fundamentación necesarios para el Trabajo Escrito.

La sección orienta a los profesores mediante:
- Explicaciones detalladas para el acercamiento a la lectura literaria
- Expectativas de cada fragmento de la obra
- Temas relevantes que pueden explorarse
- Técnicas para completar el Trabajo Escrito

Ejemplos de exámenes anteriores: Para terminar cada capítulo, se incluye un texto extraído de exámenes previos, con su esquema de calificación correspondiente. Se ha intentado, en la medida de lo posible, añadir siempre un texto relacionado con el tema del capítulo.

Recomendaciones para Nivel Superior

Textos, Contenidos y Manejo de textos recomendados para Nivel Superior: Se recomiendan algunas actividades para NS por ser más complejas. Sin embargo esta selección depende exclusivamente del profesor y de cada uno de sus grupos con sus características especiales.

Los profesores pueden utilizar los textos y adaptar sus propias preguntas de acuerdo con los intereses y necesidades de cada grupo. El objetivo principal de los textos es dar información sobre los diversos temas que el nuevo programa sugiere. Se recomienda usar el texto como pretexto para compartir ideas y generar una discusión sobre los temas que logren captar la atención y el interés de los alumnos.

Los textos pueden ser leídos en general por todos los alumnos. Son los ejercicios los que pueden ser difíciles para algunos dependiendo del nivel del grupo; y nadie mejor que el profesor para distinguir que actividades pueden realizarse en clase y en que momento del programa. Las actividades orales individuales tanto como las interactivas pueden ser modificadas y ajustadas a cada alumno, según su nivel. La dificultad puede ir incrementando conforme el curso avanza, y el conocimiento y confianza de los alumnos se va afianzando.

Este libro intenta dar al profesor ideas que le ayuden en clase y a partir de las cuales pueda generar su propio estilo teniendo en cuenta las distintas fomas de aprendizaje de sus alumnos.

En el capítulo 14, puede dedicar las actividades escritas para el Nivel Superior y las actividades orales para los dos niveles.

Para el capítulo 12, sobre la Globalización, pida a los alumnos que cursen Economía que expliquen los conceptos económicos al resto (pueden utilizar el inglés para explicar si es necesario). Una vez entendidos esos conceptos por todos los alumnos, será fácil acceder a los textos del capítulo.

Capítulo 1

Texto: Lenguas habladas en América Latina

Manejo de textos 1 (Identificar pronombres), 4 (Buscar sinónimos)

Gramática en contexto: Completar la tabla con explicaciones de conjunciones y expresiones adverbiales.

Capítulo 2

Texto: Formas de gobierno

Manejo de textos 1 (Responder a preguntas)

Texto: ¿Qué fue la transición?

Gramática en contexto (Completar la tabla de oraciones principales y subordinadas en presente)

Texto: Origen de los nacionalismos

Manejo de textos 1, 2, y 3

Todas las actividades de la Sinópsis y los fragmentos de "El otoño del patriarca"

Capítulo 3

Texto: Racismo un azote mundial

Manejo de textos 3. (Sinónimos)

Gramática en contexto, recomendada para Nivel Superior pero puede dejarse a la discreción del profesor.

Texto: América Latina, denuncian la situación

Todas las actividades pre-lectura y el Manejo de textos

Texto: En Centroamérica hay un profundo racismo…

Manejo de textos 1, 2, y 3

Textos periodísticos.

Capítulo 4

Texto: Eufemismos para cualquier época

Manejo de textos 1 y 2

Capítulo 5

Todos los textos y actividades resultan adecuados para ambos niveles.

Capítulo 6

Todas las campañas comerciales y sociales presentadas se ajustan a los dos niveles.

Capítulo 7

Dependiendo del nivel de la clase, la Actividad Oral Interactiva puede presentar algunas dificultades. En ese caso será recomendada par Nivel Superior.

Capítulo 8

Texto: Acerca de los Realities

Contenidos 1 y Manejo de textos 1

Las actividades Orales Interactivas también pueden adaptarse según sea el nivel de la clase.

Capítulo 9

Todos los textos y actividades presentadas son pertinentes ambos niveles

Capítulo 10

Todos los textos y actividades presentadas son pertinentes ambos niveles

Capítulo 11

Todos los textos y actividades se ajustan a los dos niveles.

Capítulo 12

Para este capítulo pida a los alumnos que cursen Economía que expliquen los conceptos económicos al resto (pueden utilizar el inglés para explicar si es necesario). Una vez entendidos esos conceptos por todos los alumnos, será fácil acceder a los textos del capítulo

Texto Globalización

Contenidos

Capítulo 13

Pertinente para ambos niveles

Capítulo 14

Las leyendas elegidas para este capítulo quizá requieran un mayor conocimiento y cultura y de la lengua, por lo cual todas las actividades serían recomendables para el Nivel Superior. Sin embargo las actividades orales pueden perfectamente utilizar las leyendas y creencias del capítulo y ahondar en otras de Latinoamérica así como de otros países.

Capítulo 15

Texto: Las peregrinaciones: El Camino de Santiago

Manejo de textos 1.

Capítulo 16

Texto: La cocina española moderna

Contenidos

Adaptar las sugerencias de la Interculturalidad al nivel de los alumnos. Todas pueden tratarse a ambos niveles, pero en más profundidad a Nivel Superior.

Capítulo 17

Anorexia en el Paraguay

Contenidos

Capítulo 18

Todas las actividades son pertinentes para ambos niveles.

Capítulo 19

Se ajusta a las necesidades de los dos niveles.

Capítulo 20

Se ajusta a ambos niveles

Capítulo 21

Texto: Clonación, ciencia y ética

Contenidos

Texto: La eutanasia

Contenidos

Opciones sugeridas para la Producción escrita tras este texto

Capítulo 22

Se ajusta a las necesidades de los dos niveles.

Capítulo 23 Literatura

Solamente a Nivel Superior

Capítulo 24 Literatura

Solamente a Nivel Superior

TEMAS TRONCALES: RELACIONES SOCIALES
DOMINIO LINGÜÍSTICO Y MULTILINGÜISMO

Objetivos	• Reconocer el dominio lingüístico y sus consecuencias • Conocer la diversidad lingüística de España y América Latina • Distinguir los topónimos y gentilicios (y su ortografía) • Dar opiniones a favor o en contra • Aplicar los tiempos del pasado • Revisar el pretérito pluscuamperfecto
Antes de leer	• Mirar el mapa de España e identificar las diferentes areas lingüísticas • Investigar el conocimiento previo: ¿cuántas lenguas europeas proceden del latín?, etc • Explorar la situación en Cataluña • Explorar las áreas lingüísticas de América Latina
Contenidos y Manejo de texto	• Decidir si los enunciados son verdaderos o falsos, justificando la respuesta • Responder a preguntas cortas de acuerdo con el contenido del texto • Completar tablas con la información requerida • Identificar sinónimos
Gramática y Gramática en contexto	• Usos de los tiempos del pasado • Expresiones de opinión, positivas y negativas
Destrezas lingüísticas	• Receptivas: comprensión de los textos del capítulo • Interactivas: debate oral sobre la situación lingüística en Cataluña; discusión sobre las señales bilingües de tráfico • Productivas: práctica escrita de las estructuras estudiadas, elaboración de informes a partir de datos
Vocabulario especializado	• Topónimos: nombres de las comunidades autónomas • Gentilicios: habitantes o nativos de dichas comunidades • Términos lingüísticos: bilingüismo, multilingüismo, diglosia
Interculturalidad	• Comparación de la situación del español con la de otras lenguas
Intertextualidad	• Enlaces pertinentes: situación bilingüe, influencias lingüísticas
Teoría del conocimiento	• Diferencias entre el aprendizaje de la lengua materna y una segunda lengua
Tarea	• (Uso del profesor)
Notas	• (Uso del profesor)

Texto 1.1.1: Lenguas habladas en España

SB P1

- Prepare a los alumnos para el tema de estudio mirando en un mapa de España su distribución en Comunidades Autónomas, y señale en cuáles de éstas se hablan otras lenguas distintas del castellano.
- Pregunte a los alumnos sobre las lenguas europeas procedentes del latín, y amplíe este conocimiento (español, francés, italiano, portugués y rumano).
- Inicie la lección con la lectura completa del texto 1.1.1.
- Pida a los alumnos que reflexionen sobre qué ideas de las que han leído parecen más relevantes.
- Se puede elaborar una lista con todas estas ideas. Probablemente en esa lista se encuentren las respuestas a las actividades.

Respuestas

Contenidos

1 (Mirar el mapa e identificar regiones)

2 Se pueden identificar tres regiones bilingües: Cataluña, Galicia y el País Vasco.

3 Tabla:

Comunidad	Lengua	Habitantes
Galicia	*gallego*	*gallegos*
País vasco	vascuence o euskera	vascos
Cataluña	*catalán*	catalanes
Aragón	*castellano*	*aragoneses*
Castilla	castellano	*castellanos*
Andalucía	*castellano*	andaluces

a Galaico-portugués, leonés, castellano, navarro-aragonés y mozárabe

b Galicia, Aragón, Navarra, León y Castilla

c El gallego y el catalán; también el euskera pero no procede del latín.

d Segunda lengua nativa más hablada del mundo, segunda lengua más estudiada y tercer idioma más hablado como primera o segunda lengua

Interculturalidad

Las respuestas variarán.

Manejo de texto

a vulgar

b se difundió

c se diversificaron

a V *"Entonces llamada provincia de Hispania"*

b F *"Producto de la mezcla del latín con las lenguas regionales"*

c V *"El gallego, el catalán, el euskera y el castellano"*

d V *"La variedad de catalán…"*

e F *"Es la segunda como lengua materna"*

Texto 1.1.2: Bilingüismo y diglosia

SB P3

- Introduzca los conceptos de bilingüismo y diglosia a la clase antes de la lectura del texto.
- Explíqueles en qué circunstancias conviven dos lenguas en un mismo territorio.
- Explore preguntando a la clase cuántas situaciones de bilingüismo conocen.

Actividad oral interactiva

- Estudie con los alumnos la señal bilingüe de tráfico y con ayuda de la Nota Cultural, verificar lo distinta que es la lengua vasca de las lenguas romances.
- Preparar una presentación donde se hable de las ventajas del bilingüismo o bien hasta qué punto es útil una señal bilingüe de tráfico cuando hay un lenguaje universal para las reglas de circulación.

Respuestas

Contenidos

a A la lengua mayoritaria

b A la que se habla en una minoría

c Oficialmente y en el ámbito familiar

d Cuando una lengua domina sobre la otra

e En la diglosia no existe equilibrio entre las dos lenguas

Texto 1.1.3: Declaraciones de alumnos en Cataluña sobre el bilingüismo

SB P5

Antes de leer los testimonios:

- Explique el contenido de las preguntas de la encuesta e invite a los alumnos a hacer predicciones acerca de las posibles respuestas.
- Explore las ideas que los alumnos tienen del bilingüismo en ciertas regiones de España.

Respuestas

Gramática en contexto

Expresiones positivas	Expresiones negativas
"Creo que es un enriquecimiento."	"Estropea la cultura."
"Por una parte hay mejoras."	"Hay conflictos entre las dos lenguas y los que las hablan."
"Hay diversidad y eso es bueno para el país."	"El castellano sólo me sirve para entenderme con gente de otros países que estudia español."
"Si sabes dos lenguas es más fácil aprender otras."	"Cuando la lengua española no se impone a la autóctona."

Aplicación de la regla gramatical:

Positivas	Negativas
"Pienso que dos lenguas enriquecen la cultura"	*"No pienso que el uso de dos lenguas enriquezca la cultura"*
"Opino que la diversidad es buena para el país"	*"No creo que haya conflictos entre los hablantes"*
"Creo que se estropea la cultura"	*"No es cierto que estropee la cultura"*

Interculturalidad

Las respuestas variarán.

Manejo de texto

a Gorka: *"Cuando no se impone a la autóctona"*

b Mercedes: *"Que la gente escogiera la que es de su agrado"*

c Montse: *"El catalán es la principal, pero la otra define mi país"*

d Jordi: *"Sirve para entenderme con gente de otros países"*

e Joan: *"En otras zonas del estado español es importante hablar castellano"*

Actividad oral interactiva

Introducción:

- Primeramente explique a los alumnos que deben llegar a un acuerdo sobre si existe el fenómeno de diglosia en Cataluña basándose en las respuestas de la encuesta.
- Después pídales que decidan cuál es la postura más radical A y cuál la más permisiva B.

Preparación:

- Una vez establecido lo anterior, divida la clase en dos grupos; uno defenderá la postura A (postura radical) y el otro la postura B (postura permisiva).
- Aclarar la postura A (postura radical – defender el uso del catalán) y la postura B (postura permisiva – darle más importancia al español como lengua del estado).
- Pida a cada grupo que haga una lista con las ideas más importantes que quieran exponer.
- Explíqueles que deben dividirse entre ellos las áreas de debate que cada uno quiera desarrollar.

Presentación:

- Cree una interacción fluida donde se defiendan o se ataquen los puntos más importantes estudiados en los textos.
- Sería ideal que se llegara a un acuerdo, considerando que los alumnos son *extranjeros* y se podrán identificar mejor con la postura B.

Texto 1.2.1: Las lenguas indígenas y su influencia

SB P8

- Antes de la lectura, explore en clase el conocimiento previo de los alumnos sobre las lenguas indígenas de América Latina.
- Observe con los alumnos el mapa de América Latina e identifique con ellos las lenguas que se hablan en las distintas zonas.

Respuestas

Contenidos

a Hubo y hay infinitas lenguas tribales (dos mil tribus).

b Quechua, guaraní, náhuatl o nahua, aimara, araucano…

c No, hay lenguas que tienen gran fuerza como el quechua o el guaraní, sin embargo hay otras como el vilela que sólo conserva una hablante viejecita.

Manejo de texto

a lo cual = el fenómeno (del sustrato)

b las = las características (del vilela)

c aquel = el vilela (idioma)

d quienes = 3,6% de no hablantes de español en México

a F *Algunas de estas lenguas han desaparecido; por ejemplo, el Taino...*

b F *Se extiende por el sur de México*

c V *Mutua influencia entre lenguas coexistentes*

d F *Infinitas lenguas que subsisten*

a No, se habían impuesto el náhuatl y el quechua con anterioridad

b La penetración de hispanismos en las lenguas autóctonas

a que coexisten

b que subsisten

c hábitos

d subterránea

e eliminadora

Gramática/Gramática en contexto

Aplicaciones de la regla gramatical

- Identificar los usos y las formas de los verbos en pasado. Debe insistirse en la definición de las acciones completas o perfectas para comprender que el pretérito pluscuamperfecto es "doblemente perfecto".
- Usos de conjunciones distributivas: *ya*…
- Completar la tabla con las explicaciones de las conjunciones/expresiones adverbiales/pronombres relativos:
  - claro está que = explicación
  - por lo cual = consecuencia
  - en todos los casos = generalización
  - para mayor complejidad = resaltar una idea

- le sigue = ordenar acciones/hechos
- junto al = añadir
- viene a continuación = ordenar
- con cerca de = aproximación (numérica)
- otros tantos = igualdad (los mismos/el mismo número)
- en total = sacar conclusiones
- cuyo (de quién): es un pronombre relativo pero actúa como adjetivo determinando al nombre "...*al sur del país, en cuyo estado de Oaxaca...*"
- cuyo = el estado al sur del país "*En el estado de Oaxaca al sur del país*"

- Identificar expresiones:
  - en igual fecha = en ese mismo tiempo/ en la misma época
  - por entonces = en aquellos tiempos
- Prefijos: mono, bi, tri, poli...

Teoría del conocimiento

Analice con sus alumnos, el funcionamiento del proceso de adquisición de la lengua materna y como se aplica al aprendizaje de otros idiomas.

Cuando aprendemos un idioma no sólo aprendemos como funciona la lengua sino sus implicaciones culturales. ¿Hasta que punto esta afirmación es válida?

Duración del capítulo

Depende del número de horas semanales. Pero como media se aconseja un periodo de 4 a 5 semanas por capítulo dedicando de dos a tres lecciones por texto, dependiendo de los niveles de dificultad.

Evaluación

Completar las actividades y las muestras de exámenes anteriores. Asegurarse de que se han cumplido los objetivos del capítulo y comprobarlo con evidencias.

Capítulo 1 – Respuestas a las prácticas para el examen
Mayo 2003 TEXTO D HL — LENGUAS QUE MUEREN

46 B, D, E, I, K, L
47 la cultura
48 la globalización / el contacto entre culturas
49 V En la Amazonía se descubren nuevas lenguas e inmediatamente el descubrimiento las pone en peligro.
50 fomentan
51 toman (por)
52 Captan
53 perjudicial
54 Apreciar

TEMAS TRONCALES: RELACIONES SOCIALES

ESTRUCTURAS Y GRUPOS SOCIALES Y POLÍTICOS

Objetivos	• Distinguir varias formas de gobierno • Conocer una parte de la historia política de España y algunos países latinoamericanos • Dar opiniones a favor o en contra • Distinguir afirmaciones verdaderas y falsas • Crear palabras a partir de sufijos y prefijos • Aplicar palabras derivadas del griego • Usar el presente del subjuntivo para dar opiniones
Antes de leer	• Explorar el conocimiento previo de los alumnos sobre las formas de gobierno • Explorar el conocimiento previo de los alumnos sobre la historia reciente en España y América Latina • Conectar lo estudiado acerca del bilingüismo en el capítulo anterior con los nacionalismos existentes en las regiones bilingües • Exponer opiniones sobre dictaduras y dictadores; mencionar características típicas de un dictador • Describir en líneas generales en qué consiste el realismo mágico
Contenidos y Manejo de texto	• Decidir si los enunciados son verdaderos o falsos, justificando la respuesta • Responder a preguntas cortas de acuerdo con el contenido del texto • Completar tablas con la información requerida • Identificar sinónimos • Ordenar hechos cronológicamente • Respuesta múltiple
Gramática y Gramática en contexto	• Usos del pretérito imperfecto de subjuntivo en cláusulas nominales y adverbiales • Presente de subjuntivo/imperativo (irregulares)
Destrezas lingüísticas	• Receptivas: comprensión de los textos del capítulo • Interactivas: descripción de la imagen sobre la mujer en el mundo laboral • Productivas: práctica escrita de las estructuras estudiadas a través de artículos que describen los sistemas políticos
Vocabulario especializado	• Formas de gobierno y derivados • Orígenes lingüísticos de las formas de gobierno • Lenguaje político (instituciones, cargos, actividades) • Lenguaje literario (simbolismo y realismo mágico)
Interculturalidad	• Comparación de los sistemas políticos; énfasis en las dictaduras latinoamericanas
Intertextualidad	• Enlaces pertinentes: formas de gobierno, movimientos separatistas, integración social de la mujer
Teoría del conocimiento	• Influencia de la pertenencia a un grupo en el conocimiento lingüístico • Influencia del gobierno en el comportamiento del pueblo
Tarea	• (Uso del profesor)
Notas	• (Uso del profesor)

Texto 2.1.1: Formas de gobierno

SB P15

- Prepare a los alumnos sobre este tema hablándoles de las formas de gobierno de sus respectivos países, y repasando el vocabulario que ya conozcan sobre el tema: primer ministro, rey, presidente, etc.
- Después de leer las descripciones de las formas de gobierno, los alumnos deben escribir una definición de cada una; así estarán preparados para la primera actividad.

Respuestas

Contenidos

1 Formas puras: monarquía, aristocracia y democracia; formas impuras: tiranía, oligarquía y demagogia

2 En las formas puras ya que los gobiernos se dividen en monarquía, autocracia y democracia

3 Tabla:

Nombre de forma de gobierno o dominio	Nombre referido a persona	Adjetivo
autocracia	autócrata	autocrático
burocracia	burócrata	burocrático
jerarquía	jerarca	jerárquico
monarquía	monarca	monárquico
oligarquía	oligarca	oligárquico
aristocracia	aristócrata	aristocrático
democracia	demócrata	democrático

Manejo de texto

1

a Modelo de organización, dirección suprema y máximo control

b Se conocen tres formas: monarquía, autocracia y democracia

c El jefe del estado es un rey o un príncipe y gobierna de por vida y de forma hereditaria

d Absoluta y constitucional

e El gobierno está a cargo de una autoridad arbitraria concentrada en un pequeño grupo o en un sólo partido

f Se dividen en régimen totalitario y régimen autoritario

g La democracia es el sistema donde cada miembro tiene derecho a participar en la gestión de asuntos públicos

h En forma de repúblicas democráticas (presidenciales y parlamentarias)

2

a mayoría

b pluripartidismo

c elecciones libres

d periódico

e pacífico

f participación ciudadana

Texto 2.2.1: ¿Qué fue la transición democrática española?

SB P18

- Conviene que usted empiece la lectura de este texto enfatizando en la importancia que este hecho tuvo: España era la última dictadura de Europa occidental y esta transición ha servido de ejemplo a muchas otras.

Respuestas

Contenidos

1

1976 – Ley para la reforma política

1977 – Legalización de los partidos políticos y primeras elecciones democráticas

1978 – Constitución democrática

1979 – Creación de los estatutos de autonomía

1981 – Intento de golpe de estado militar

1982 – Primera victoria electoral del partido socialista

1986 – Miembro de la Unión Europea

2002 – Introducción de una moneda única

Gramática en contexto

Oración principal (en presente)	Oración subordinada (en presente)
Ejemplo: Juan Carlos pide	que deje su cargo
Juan Carlos le encarga	que dirija el cambio
La constitución permite	que las comunidades puedan…

Manejo de texto

1 b

2 b

3 c

4 b

5 a

Texto 2.3.1: ¿Cuál es el origen del nacionalismo del País Vasco y Cataluña?

SB P23

• Como siempre, conviene que haga un sondeo del conocimiento que los alumnos tengan sobre estos conceptos antes de la lectura de los testimonios.

Respuestas

Contenidos

1

a Legitimar un gobierno en función de etnia o historia

b No

c Porque quieren en general conservar su lengua y su cultura sin separarse del país (sólo una minoría es separatista)

d Legitimar la soberanía de su gobierno por encima del rey

e Para provecho de ciertos partidos políticos

2 Tabla:

A FAVOR	EN CONTRA
El nacionalismo español no es separatista	Los nacionalismos son un invento sin sentido
A nivel histórico ha existido la Generalitat…	La sociedad carece de cultura política…
El impulso fue en los años de prohibición…	
Los fieles lo creen a pies juntillas…	

Manejo de texto

1

a V "*El actual enemigo es el nacionalismo separatista*"

b F "*Hablar en catalán o en vascuence no lo convierte a uno en nacionalista*"

c F "*Se inventaron el término de las revoluciones liberales*"

d F "*Sólo sirven para que la gente se los crea*"

e V "*La nación surge como tal*"

2

a creerse en posesión de la verdad

b irse todo por la borda

c ostracismo

d sufrir en sus carnes

e caldo de cultivo

f una retahíla

g creer a pies juntillas

3

a Sólo sirven para enfrentar a los pueblos. / Los fieles tienen razón y los demás están equivocados.

b Son un invento del siglo XIX. / Son un invento sin sentido.

c El rey era descendiente de Dios./Hasta que llegaron los Borbones.

d El gobierno recae en los habitantes del antiguo reino. / La Generalitat existió durante siglos.

Texto 2.4.1: El voto femenino en España

SB P26

- En este texto, empiece directamente por los contenidos ya que aluden a expresiones directamente relacionadas con el tema de la lectura.

Respuestas

Contenidos

1

a Mujeres independientes, no dependen económicamente de un hombre

b Movimiento de la liberación de la mujer

c Lucha por conseguir el voto femenino

d Mujeres de otros países que habían conseguido éxito en la lucha

e Doctrinas liberales aplastadas/destruidas por las ideas conservadoras

Manejo de texto

1

a En los años en torno a la Primera Guerra Mundial

b Más bajas en cuanto a combatividad y afiliación

c anclaba

d ultramontano

e No; *"Despojaron a su campaña de sectarismo político"*

f 2 *"que se volviera prácticamente inofensivo"*

Actividad oral interactiva

- Descripción del estímulo visual.
- Explicar el significado del título "la hora del almuerzo" y cómo está representada la figura femenina, su ropa, su postura, su actitud. Describir a continuación a una mujer actual en su lugar de trabajo para hacer una comparación eficaz entre ambas.

Texto 2.5.1: Las dictaduras militares

SB P28

- Una vez más, invite a los alumnos a participar y compartir su conocimiento previo acerca de dictaduras, dictadores, golpes de estado etc. Igualmente invítelos a analizar las posibles causas de que haya tantas dictaduras militares en los países pobres.

Respuestas

Manejo de texto

1

a   Presidencialismos, parlamentarismos, repúblicas, monarquías, oligarquías, dictaduras

b   Electiva, no electiva, minoritaria, sin cumplimiento de poder

c   Inconformidades entre gobernantes y gobernados

2

La dictadura es una forma de gobierno que...

a   normalmente se establece a partir de un golpe de estado.

d   ha sido sufrida por muchos países de distintos continentes.

f   se repitió varias veces en Latinoamérica durante el siglo XX.

g   sólo se ha dado una vez en Colombia.

3

a   A diferencia de otros países, en Colombia tan sólo se dio un caso.

b   Es común que las dictaduras latinoamericanas sean dirigidas por una junta de estado mayor de los militares.

c   En Bolivia, Paraguay y Nicaragua, sin embargo están en las manos de un solo oficial.

d   Una de las posibles razones para la extrema pobreza en América Latina puede deberse a los modelos políticos, económicos y sociales del siglo XX.

4

a   No, es una forma de gobierno autoritaria.

b   No, a veces hay una Junta de estado mayor (militares).

c   Porque no posee un respaldo, ya sea por la tradición o por la población.

5   La oración: *"El carácter electivo...clasificación..."* se refiere a la elección o imposición del jefe del estado.

6

a   F *Hitler, Mussolini, Franco son ejemplos*

b   F *Periodo política y económicamente inestable*

c   F *Difícilmente podían adaptarse a este contexto*

d   V *Dirección de Estado mayor de los militares*

e   F *Son claros ejemplos de dictadores autoritarios*

7

a   supresión

b   son ejercidas

c   de facto

d   primordiales

Gramática en contexto

Infinitivo	Subjuntivo	Imperativo usted (afirmativo y negativo)	Imperativo tú (afirmativo)
tener	*tenga*	tenga	*ten*
poner	ponga	*ponga*	*pon*
salir	*salga*	salga	*sal*
decir	diga	*diga*	*di*
traer	*traiga*	traiga	*trae*
oír	oiga	*oiga*	*oye*
hacer	*haga*	haga	*haz*

Infinitivo	Subjuntivo	Imperativo Usted (afirmativo y negativo)	Imperativo tú (afirmativo)
llegar	*llegue*	llegue	*llega*
colgar	cuelgue	*cuelgue*	cuelga
pagar	pague	pague	*paga*
negar	*niegue*	niegue	niega
amargar	amargue	amargue	*amarga*
rogar	*ruegue*	ruegue	ruega
jugar	juegue	*juegue*	juega

Texto 2.5.2: *El otoño del patriarca*

SB P33

- Lea la sinopsis con los alumnos y pídales que hagan una lista con el contenido de los episodios más importantes; eso les va a servir para identificar los tres aspectos que aparecen en los fragmentos y les será más fácil ordenarlos cronológicamente.

- Orden de fragmentos:
  a   La limpieza del país
  b   El banquete antropófago
  c   El traslado del mar Caribe

Respuestas

Manejo de texto

1

a Un dictador que muere viejísimo

b En un supuesto país a orillas del Mar Caribe

c Por voluntad de los ingleses, después de muchas contiendas

d (3) de gran semejanza física

e (2) una aspirante a monja en un convento

f (2) mueren de manera trágica

2

a Porque el único error es "*impartir una orden que no esté seguro que será cumplida*"

b Porque "*todo sobreviviente es un mal enemigo*"

c Porque "*se volverán a repartir (entre los ricos) y nada para los pobres*"

3

c "*Un dictador totalitario se siente enormemente aislado*"

4 "*Las atrocidades que puede conducir un poder sin límites*"

5 Recursos literarios:

Hechos narrados en primera persona sin solución de continuidad. Ausencia de puntos y aparte. Relato vivaz y colorido. Estilo brillante.

Respuestas a los Fragmentos:

Fragmento 1:

a Los huracanes del Caribe contra las auroras de sangre (amaneceres rojos) de Arizona

b Se llevan sus ciudades (sus casas, sus vidas), sus ahogados tímidos (sus desgracias, sus complejos), sus dragones dementes (sus sueños, sus locuras)

Fragmento 2:

c La ironía consiste en el doble sentido de la limpieza y el traslado de basura: En realidad no limpian sino que cambian la basura de sitio; el "purísimo" que vela por la nación es el más corrupto

Fragmento 3:

d García Márquez se sirve de los elementos culinarios y militares usándolos en doble sentido para darle un tono crítico a la narración aprovechando que han cocinado (términos culinarios) a un alto cargo militar (términos militares). Igualmente se demuestra el uso del Realismo Mágico.

Relación entre lo militar y lo culinario (ejemplos):

Una guarnición puede ser un grupo de soldados y un acompañamiento de verduras para el plato principal.

Los laureles como símbolo de la gloria o como aderezo de un asado.

El aderezo se corresponde con el adorno (bordado en oro) del uniforme y a los condimentos usados en la cocina.

Cinco estrellas de general y cinco almendras (frutos secos).

Medallas en el pecho como adorno militar; perejil en la boca como adorno de presentación de cualquier asado.

Destazadores como cuerpo militar y como asistentes en el matadero (para descuartizar y repartir).

6 Las respuestas variarán según interpreten los alumnos los hechos de la novela:

Real - existe en la realidad

Imaginario – producto de la imaginación del autor

Fantástico – refleja sucesos que reproduce la imaginación

Realista – refleja sucesos que se asemejan a la realidad

Verosímil – se parece a la verdad, es creíble

Inverosímil – no tiene ningún parecido con algo verdadero, resulta increíble

7 Las respuestas variarán según definan el Realismo Mágico:

"*Sucesos fantásticos incorporados a una rutina natural como si fueran reales*"

Teoría del conocimiento

- Ayude a los alumnos a explorar el tipo de lenguaje utilizado por un grupo determinado y como la adquisición lingüística depende de ese ambiente. Analicen juntos la necesidad de utilizar un determinado tipo de lenguaje para la expresión de las ideas pertinentes a las necesidades del grupo.

- Cada grupo va a necesitar una serie de pautas para la adquisición del lenguaje, influyen aspectos sociales, políticos y culturales.

- Teóricamente la democracia implica el poder del pueblo sobre su tipo de gobierno, ahora bien el tipo de gobierno debe ejercer una influencia en la formación de un pueblo.

Duración del capítulo

Depende del número de horas semanales. Pero como media se aconseja un periodo de 4 a 5 semanas por capítulo dedicando de dos a tres lecciones por texto, dependiendo de los niveles de dificultad. Este capítulo está altamente recomendado para estudiantes a Nivel Superior.

Evaluación

Completar las actividades y las muestras de exámenes anteriores. Asegurarse de que se han cumplido los objetivos del capítulo y comprobarlo con evidencias.

Capítulo 2 – Respuestas a las prácticas para el examen

MAYO 2007 TEXTO C SL – "MACHUCA" SE ESTRENA CON LA SALA COMPLETAMENTE LLENA

17 (el día de) la independencia (del país del norte / de Estados Unidos)

18 C

19 No – (dos niños de) estratos sociales opuestos

No se acepta la mención de los estratos sociales, si no aparece el adjetivo "opuestos"

Atención: para obtener el punto es necesario responder correctamente V o F y además dar la justificación adecuada. De ser incorrecta o faltar alguna de estas partes, se asignará puntaje 0 a la respuesta.

20 ha pegado (muy fuerte)

21 (los grupos humanos permanecen muy) aislados

22 B

23 C

24 D

25 C

RACISMO Y DISCRIMINACIÓN

Objetivos	• Reflexionar sobre la injusticia en general • Conocer a un personaje importante: Rigoberta Menchú (premio Nobel de la Paz) • Percibir textos y estilos periodísticos • Utilizar diálogo directo e indirecto • Practicar la distribución de la información • Reconocer la importancia del contexto para el significado
Antes de leer	• Reflexionar sobre los conceptos de racismo y discriminación • Explorar el conocimiento previo de los alumnos y sus propias experiencias de racismo y/o discriminación • Buscar información sobre situaciones actuales de racismo • Investigar sobre personajes importantes en la historia del racismo en el mundo • Analizar la *Declaración de Derechos Humanos* y sus consecuencias • Discutir sobre la importancia de *Amnistía Internacional*
Contenidos y Manejo de texto	• Responder a preguntas de acuerdo con el contenido de los textos • Buscar sinónimos • Decidir si los enunciados son verdaderos o falsos, justificando la respuesta • Seleccionar la respuesta correcta en las preguntas de opción múltiple • Distinguir y comprender textos informativos y periodísticos
Gramática y Gramática en contexto	• Prefijos • Estilo directo • Estilo indirecto
Destrezas lingüísticas	• Receptivas: comprensión de los textos del capítulo • Interactivas: debate oral sobre la situación de racismo en España, Hispanoamérica y el mundo en general • Productivas: práctica escrita de las estructuras estudiadas
Vocabulario especializado	• Reivindicación, sublevación, derechos humanos, derechos civiles, libertad, privilegios, prejuicios, abusos, denuncias, conflictos interétnicos e interraciales, violaciones de derechos, refugiados…
Interculturalidad	• Análisis del racismo y discriminación en los países representados en la comunidad escolar
Intertextualidad	• Utilización de los textos para producción de otros textos con las palabras propias del alumno
Teoría del conocimiento	• Diferencias sociales y económicas, y su posible relación con la raza
Tarea	• (Uso del profesor)
Notas	• (Uso del profesor)

Ideas o sugerencias para sacarle partido a cada actividad o ejercicio:

- Se recomienda estudiar estos temas en conjunto con la asignatura de Geografía, Sistemas de Medio Ambiente y/o Derechos Humanos.
- Deben leerse los textos completos. Tras cada lectura, los alumnos harán una reflexión sobre las ideas que les parecen más relevantes de cada texto. Se puede elaborar una lista con todas estas ideas. Probablemente en esa lista se encuentren las respuestas a las actividades. El profesor puede explotar el texto con infinidad de preguntas de contenido y asegurarse de que los alumnos comprenden el texto en general, las ideas principales y el vocabulario.
- Distinguir los conceptos de discriminación y racismo.

Texto 3.1.1: Racismo, un azote mundial

SB P40

- Prepare a los alumnos para el tema de estudio hablando sobre las distintas situaciones de racismo y discriminación en la actualidad.
- Busque con los alumnos información sobre la esclavitud actual de inmigrantes en países europeos, africanos, del Oriente Medio, Latinamérica, etc.
- Invite a los alumnos a que hagan una breve investigación sobre Amnistía Internacional y sus objetivos.

Respuestas

Manejo de texto

1

a Deberían ser centrales en el combate del racismo/Combatir el racismo

b Porque reflejan los prejuicios de las sociedades

c No, el racismo afecta virtualmente/prácticamente a todos los países

2

a F El informe menciona varios países: Ruanda, Estados Unidos, Sudáfrica, India, Turquía, Reino Unido… /indígenas en todo el mundo

b F Hay más ejecutados por el asesinato de personas blancas

c F Es una especie de "*apartheid* a escondidas"

d F En el Reino Unido, la policía ha sido negligente en su respuesta a ataques racistas

3

a prejuicios

b flagelo

c combate

d negligente

e enfrentando

4 manteniéndolo

5 al racismo

Gramática en contexto

- **Tal** se refiere a la situación igual a la planteada: ningún país está libre del racismo
- Se indica/se señala; la forma **se** es impersonal
  Los alumnos pueden expresarlo de diversas formas

Texto 3.2.1: A. Latina: denuncian situación indígena

SB P43

- El artículo de la BBC está basado en un informe de Amnistía Internacional.
- Pida a los alumnos que investiguen sobre la población indígena en Latinoamérica. Pueden realizar un listado sobre las distintas etnias en cada país, o por lo menos las más numerosas. Deben investigar también las guerras que han vivido esos países en el siglo XX y algunas ideas relacionadas con la Conquista.
- Haga notar a los alumnos que es un texto extraído de un artículo periodístico. Pídales que se fijen en el uso del lenguaje y la forma de expresión.

Respuestas

Manejo de texto
1 a
2 d
3 c

Texto 3.2.2: Protegiendo a los refugiados

SB P45

- Pida a los alumnos que investiguen sobre Rigoberta Menchú y sobre el ACNUR (Alto Comisionado de las Naciones Unidas para los Refugiados).
- Después de leer el texto organice un debate sobre la problemática indígena.

Respuestas

Manejo de texto	
[1] por	[4] por otra parte,
[2] quienes	[5] las
[3] a	[6] en la mayoría

2

a abandonaron su país

b insurrectos

c Rigoberta Menchú, por su lucha por los derechos humanos de los indígenas, Premio Nobel de la Paz

d No. El ACNUR se ha comprometido a ayudar a los indígenas a mantener su idioma, su cultura y sus tradiciones, así como a su reintegración en su lugar de origen

e autonomía

3

a mandato

b confiado

c repatriación

d deseo

e permanencia

Texto 3.2.3: 'En Centroamérica hay un profundo racismo hacia los indígenas': Experta

SB P47

- Obtenga información sobre el *Bicentenario del Primer Grito de Independencia* en los países latinoamericanos y compártala con los alumnos.

Respuestas

Manejo de texto

1

a Se conoce con este nombre a la sublevación de los países latinoamericanos.

b Independencia de España

c Los países latinoamericanos se independizaron de España.

d 200 años (bicentenario)

e Porque se *"encubrió la identidad étnica"*, se les hizo *"invisibles"* y *"vergonzosos"*. En general se les considera una población ignorante y no forman parte de las sociedades dominantes

2

a Según el texto, la situación de los indígenas ha mejorado sustancialmente.

b La lucha por la reivindicación de sus derechos y el reconocimiento de sus costumbres.

c La aceptación de las culturas indígenas a nivel nacional

3

a que segregan, que separan

b racismo afianzado, difícil de combatir y cambiar

c que ocultó

d ocultos, no visibles, escondidos

e indigna, inmoral, abyecta

f frenado, castigado

g reclamación, demanda, protesta

h identificación, aceptación, verificación

Gramática en contexto

- Practique con los alumnos el estilo directo e indirecto, de forma oral y por escrito. Insista en la necesidad de usar conectores varios para poder **ordenar** sus ideas.
- Uso de numerales para ordenar una serie:

  Primero... (1º; 1ª)

  Segundo... (2º; 2ª)

  Tercero... (3º; 3ª)

- Pídales continuar la serie y practicar.
- Explíqueles que delante de un sustantivo masculino, primero y tercero cambian y reducen la forma.
  Ejemplo:
  *Este es su **primer** libro.*
  *El **tercer** día, y ya llegó tarde.*

- De algunos ejemplos de palabras que cambian de significado al añadir un **prefijo**. Pregunte si pueden deducir el significado del prefijo.
  Ejemplo:
  Alumno/exalumno ¿Cuál es el significado del prefijo *ex*?
  Natural/antinatural ¿Cuál es el significado del prefijo *anti*?
  Posible/imposible ¿Cuál es el significado del prefijo *im*?
- Después de algunos ejemplos, elabore, junto con sus estudiantes, un listado con los prefijos más comunes e invíteles a jugar con las palabras, añadiendo prefijos y cambiando el significado. Puede añadir un listado con los sufijos si cree conveniente, y hacer lo mismo que con los prefijos.

Textos periodísticos

- Después de la lectura de los textos del capítulo, practique con sus estudiantes la lectura y producción de textos periodísticos, de información. Puede invitar a sus alumnos a crear una revista del colegio con información actualizada día tras día. Cada uno puede elegir la noticia más importante del día y escribirlo en forma de artículo.

  Para escribir un texto periodístico hay que seguir una serie de **pautas**:
- Se utilizan más los tiempos presentes que los pasados. En los titulares esto es mucho más necesario. La idea es presentar una noticia actual y el presente refleja esa característica.
- La información debe ser personalizada. Se debe dar el nombre de la persona que opina o dice algo (*El Sr. Rato dice: "..."*), a no ser que se prefiera el anonimato. En caso de generalizar, y no querer dar nombres, se usará la forma impersonal (*Se dice...*), o también la 3ª persona del plural (*Dicen...*).
- Se debe dar una visión clara de los hechos o de las ideas y su exposición neta, precisa.
- Ser breve es una importante característica. Sobran las palabras que no aportan información.
- Los periodistas intentan limitarse a una idea por frase y utilizan los puntos seguidos y no las comas para separar las ideas.
- En español se prefiere el uso de la voz activa y no la pasiva (*El hombre denunció...*)
- Un factor primordial en un texto periodístico es la objetividad: ser fiel a los hechos, sin manipularlos.
- Por último, un texto periodístico debe ser claro, conciso y natural.
- Los textos periodísticos pueden ser:
  de información (la noticia en sí misma)
  un reportaje (ofrece una explicación sobre los hechos)
  una crónica (normalmente refleja lo sucedido en un periodo de tiempo)
  un comentario o artículo (ofrece una visión subjetiva)

Texto: Amutuy – Soledad

- Lea con atención la canción con sus alumnos, y escúchela en el enlace correspondiente.
- Encomiende la traducción a un grupo, y a otro la interpretación de la letra, y su significado.
- Anímeles a discutir el racismo relacionado con los indígenas argentinos.
- Pueden buscar algunas otras canciones que reflejen la misma situación en español, o en otras lenguas, y comparar.

Actividades orales interactivas

Organice una serie de presentaciones sobre el racismo, con fotos, canciones, poemas, etc. que los alumnos aporten de su investigación.

Interculturalidad

- Los alumnos deben compartir canciones, poemas, o cualquier representación artística que ejemplifique el racismo. Mejor si corresponde a su propio país.

- Se recomienda buscar información sobre personalidades distintas como Rigoberta Menchú (guatemalteca), Nelson Mandela (sudafricano) y otros.

Teoría del conocimiento

- Discusión sobre la posible determinación de la raza en la escala social.

Duración del capítulo

Depende del número de horas semanales. Pero como media se aconseja un periodo de 4 a 5 semanas por capítulo dedicando de dos a tres lecciones por texto, dependiendo de los niveles de dificultad. Capítulo altamente recomendado para alumnos de Nivel Superior.

Evaluación

Completar las actividades y las muestras de exámenes anteriores. Asegurarse de que se han cumplido los objetivos del capítulo y comprobarlo con evidencias.

Capítulo 3 – Respuestas a las prácticas para el examen
Mayo 2008 TEXTO A SL — RIGOBERTA MENCHÚ

1   C

2   B

3   (aprendió a) querer y (a) respetar la naturaleza/querer/respetar la naturaleza

4   experimentó la pobreza extrema (en la que viven muchos de los indígenas mayas) 5 (los) pesticidas (utilizados en las plantaciones)

6   represión/dictadura

7   protestas

8   violaciones/dictadura

9   su padre fue asesinado (en la toma a la embajada de España)

10 el grupo indígena Quiché-Maya

11 exilio

12 regreso/Embajadora

13 premio/Nobel/premio Nobel

14 embajadora

TEMAS TRONCALES: RELACIONES SOCIALES
COMPORTAMIENTOS Y LO SOCIALMENTE ACEPTABLE

Objetivos	• Considerar las supersticiones en distintas culturas • Comparar eufemismos • Cotejar diferencias sobre *etiqueta y el buen comportamiento* • Importancia del registro formal e informal: Usted y tú • Usar expresiones varias relacionadas con este tema
Antes de leer	• Empezar una lluvia de ideas sobre supersticiones en general • Presentar expresiones "políticamente correctas" • Identificar comportamientos correctos o incorrectos en público
Contenidos y Manejo de texto	• Responder preguntas • Completar oraciones a partir de respuesta multiple • Identificar sinónimos (oraciones) • Emparejar mitades para formar oraciones • Decidir si los enunciados son verdaderos o falsos • Explicar significados de ciertas expresiones
Gramática y Gramática en contexto	• Verbos modales para dar consejos • Pretérito Perfecto
Destrezas lingüísticas	• Receptivas: Comprensión de los textos del capítulo • Interactivas: Debate oral sobre la aplicación de eufemismos • Productivas: Práctica escrita de las estructuras estudiadas
Vocabulario especializado	• Supersticiones • Eufemismos • Urbanidad y buenas maneras
Interculturalidad	• Aplicación de las reglas culturales de los alumnos
Intertextualidad	• Enlaces pertinentes: Videos y artículos sobre las buenas maneras y los eufemismos
Teoría del conocimiento	• Conocer los comportamientos de otras culturas para conocer mejor la propia
Tarea	• (Uso del profesor)
Notas	• (Uso del profesor)

Texto 4.1.1: Supersticiones

SB P53

- Empiece hablando sobre qué significan las supersticiones para los alumnos y cuáles de ellas conocen o les resultan más populares. Seguidamente, lea con ellos la introducción y tras la lectura estará preparado el terreno para leer el texto propiamente dicho.

Respuestas

Contenidos

1

a El texto describe a las supersticiones como detalles irracionales.

b Había trece personas en la Última Cena, la venida del Anticristo aparece en el capítulo trece del Apocalipsis y la carta del tarot con el número trece se corresponde a la muerte.

c Significa que casarse en martes y trece traería un matrimonio poco feliz y salir de víaje traerá malos proyectos para el futuro.

Manejo de texto

1 a Son más populares y la gente cree en ellas más que nunca.

2 b Es la que provoca más inquietud desde hace siglos.

3 b Explica la importancia que tenían en la antigüedad.

Texto 4.1.2: Supersticiones más comunes y su origen histórico

SB P54

Contenidos

Buena suerte	Mala suerte
Apagar las velas de un soplido	Abrir un paraguas bajo techo
Ir de luna de miel	Un gato negro camina hacia ti
Cruzar los dedos	Derramar la sal
Poner la escoba detrás de la puerta	Romper un espejo
Tirar monedas a un pozo	Pasar debajo de una escalera
Soplar una pestaña caída	Dejar tijeras abiertas
Tocar madera	Martes y 13
	Empezar el día con el pie izquierdo

Para cada una, elige una o dos oraciones que justifiquen tu elección.

Ejemplo: "*La negatividad que existe entre un paraguas y la casa*"

Mala suerte:

- El gato negro se ha considerado la reencarnación del diablo.
- Si se tira la sal, la amistad se romperá.
- Romper un espejo ocasiona siete años de maldición.
- Pasar debajo de una escalera se considera un sacrilegio.

- Dejar las tijeras abiertas es símbolo de una muerte repentina.
- Empezar el día con el pie izquierdo tiene efecto negativo.
- La maldición del número trece.

Buena suerte:

- Para pasar a los años siguientes se debían apagar todas las velas de un soplido.
- La madera simboliza la protección maternal y aleja el peligro.
- El viaje postnupcial proviene de la huida (de los recién casados) y de la bebida a base de vino y miel.
- Cruzar los dedos es símbolo de perfección y de residencia de los espíritus benéficos.
- Poner la escoba ahuyentaba a las brujas, igualmente ocurre con un visitante inoportuno.
- La pestaña caída trae peligros si se la queda el diablo por eso hay que soplarla y pedir un deseo.
- Tirar monedas a un pozo significa que lo que se ha solicitado se va a cumplir.

Luego, basándote en las que traen mala suerte busca que remedios se sugieren para eliminar sus efectos.

Ejemplo: *"Arrojar sal sobre el hombro izquierdo"*

- El mal se conjura cruzando los dedos, escupiendo una vez bajo la escalera o tres veces después de cruzarla. (Pasar debajo de la esalera.)
- Echar sal por encima del hombro izquierdo si se han caído las tijeras con las puntas abiertas.
- Santiguarse tres veces si se ha empezado con el pie izquierdo.

Manejo de texto

1	e	8	o
2	g	9	q
3	a	10	r
4	h	11	j
5	p	12	l
6	f	13	n
7	i	14	k
		15	m

Interculturalidad

- Los alumnos deben hablar de las supersticiones que son populares en sus países o culturas.
- Después deben analizar las supersticiones que han leído y ver si hay alguna que no conocen, alguna que también existe en su cultura y por último añadir supersticiones propias que no aparezcan en la lista.

Texto 4.1.3: Eufemismos

SB P60

- Igualmente aquí, la lectura de la introducción ayuda a enfocar el tema de la lectura antes de leer el propio texto.

Respuestas

Manejo de texto

1

a Los eufemismos *nunca pasan de moda.*

b Los partidos políticos *disfrazan los problemas con eufemismos.*

c Los humanos son tan arrogantes *que llegan a contradecirse con sus eufemismos.*

d El llamado malestar social *puede desembocar en un final trágico.*

e En realidad, el uso de los eufemismos *sólo sirve para demorar la búsqueda de soluciones.*

2

a Los compara con un traje de Chanel que nunca pasa de moda.

b Sirven para cualquier época.

c Descarnada

d Periodo oscuro en la evolución cultural de los humanos

e Pérdidas–Crecimiento

f Dolor de cabeza pertinaz

g Porque es más fácil disfrazar el problema que solucionarlo.

Actividad oral interactiva

- Cada grupo va a elegir una serie de circunstancias donde sería permitido el uso de eufemismos: cualquier tema de actualidad puede usarse como base. Se citan los eufemismos en la literatura (Mark Twain), o el orgullo *gay,* o la discriminación a los inmigrantes o a las minorías.

- Se puede ampliar el debate o mesa redonda con la discusión del término *políticamente correcto.* ¿Es un eufemismo para cubrir otros eufemismos? Pueden apoyarse con ejemplos como el caso de los emigrantes en que al hablar de ellos se usa un término *correcto* pero el comportamiento hacia ellos sigue siendo discriminativo.

Texto 4.2.1: Reglas de etiqueta y buen comportamiento

SB P62

- Antes de leer, comparta con los alumnos la frase de Teresa Reyes y trata de que hagan una interpretación.

- Explíqueles que vamos a centrarnos en diferentes situaciones donde el comportamiento correcto hace toda la diferencia.

Respuestas

Manejo de texto

Comportamiento en la mesa:

1

a   F *Es el lugar donde olvidan las reglas de etiqueta.*

b   F *Se sirve a la mujer mayor y después a las demás mujeres.*

c   V *Utilizar gorra es de mal gusto.*

d   V *Jamás gritar ni reír a carcajadas.*

e   F *El postre se ordena primero y después el café.*

Comportamiento en reuniones:

f   V *Las reglas deberían ser utilizadas siempre.*

g   F *Se debe llevar postre o vino.*

h   V *Una de las faltas más cometidas y peor vistas.*

I   V *Llegar temprano es tan malo como llegar tarde.*

2

Comportamiento en la persona:

a   El aspecto físico es muy importante.

b   El cuerpo es un lugar digno de respeto.

c   Se refiere al color rojizo del bronceado en exceso.

3   Las respuestas variarán.

"Nunca debes usar botox con exageración."

"No tienes que ponerte demasiados accesorios."

Interculturalidad

Expresiones:

Ser de mal gusto – no ser apropiado, ser poco elegante

Ser ostentoso – ser exagerado, que llama demasiado la atención

Verse fatal – que no luce bien, que no hace un buen efecto

Jamás – nunca en la vida, bajo ningún concepto

Ser una falta de educación – malos modales, mal comportamiento en público

Hablar mal (de alguien) – criticar, difamar (a esa persona)

Respuestas

Manejo de texto

4

a   Sirven para saber cómo comportarse en público en cualquier situación.

b   Para no ofender a otras personas, para evitar incomodidades

c   (opinión personal del alumno)

d   (opinión personal del alumno)

Teoría del conocimiento

- Invitar a los alumnos a que analicen, bajo su punto de vista personal, la experiencia que indica la pregunta y ver el enriquecimiento que implica en nuestra cultura el conocimiento de otras culturas.

- Las reglas de comportamiento tienen diferentes matices según las culturas. Los alumnos deben apoyar a base de ejemplos como esta importancia se pone de manifiesto.

Duración del capítulo

Depende del número de horas semanales. Pero como media se aconseja un periodo de 4 a 5 semanas por capítulo dedicando de dos a tres lecciones por texto dependiendo de los niveles de dificultad.

Evaluación

Completar las actividades y las muestras de exámenes anteriores. Asegurarse de que se han cumplido los objetivos del capítulo y comprobarlo con evidencias.

Capítulo 4 – Respuestas a las prácticas para el examen
Mayo 2000 TEXTO A SL — ¿QUÉ ME VA A PASAR?

1	Escena II:	Señora:	D
		Señor:	L
2	Escena III:	Señora:	A
		Señor:	I
3	Escena IV:	Señora:	E
		Señor:	Ñ
4	Escena V:	Señora:	H
		Señor:	N
5	Escena VI:	Señora:	G
		Señor:	J
6	Escena VII:	Señora:	C
7	Escena VIII:	Señor:	M

Objetivos	• Confrontar y emplear titulares de textos periodísticos • Identificar la parcialidad/imparcialidad en la prensa • El uso del pronombre **se** y sus funciones • Extracción de ideas principales, explicación de ideas opuestas • Concluir, contraponer, añadir, ordenar y exponer ideas a través del uso de conectores
Antes de leer	• La prensa y su influencia • Buscar ejemplos de sensacionalismo en las últimas noticias • Buscar ejemplos de parcialidad • Comentar las noticias más relevantes del momento y como están tratadas por los medios
Contenidos y Manejo de texto	• Completar una tabla con la información del texto • Contestar preguntas • Insertar conectores • Encontrar en el texto expresiones sinónimas • Buscar palabras sinónimas • Identificar adjetivos con sus definiciones
Gramática y Gramática en contexto	• Usos del pronombre **se** • Figuras de cohesión
Destrezas lingüísticas	• Receptivas: comprensión de los textos del capítulo • Interactivas: debate en defensa/en contra de las revistas del corazón; mesa redonda sobre la parcialidad en ciertos tipos de prensa • Productivas: práctica escrita de las estructuras estudiadas
Vocabulario especializado	• Términos periodísticos relacionados con los aspectos que se exploran; sensacionalismo, prensa parcial, famosos, revistas del corazón; características de este periodismo: manipulación, exageración, tergiversación
Interculturalidad	• Comparar la prensa sensacionalista española con la de su cultura
Intertextualidad	• Enlaces pertinentes: entrevistas, artículos, noticias del corazón
Teoría del conocimiento	• Contemplación de los valores humanos a través de otras culturas
Tarea	• (Uso del profesor)
Notas	• (Uso del profesor)

Texto 5.1.1: Sensacionalismo en la prensa

SB P70

- Conviene que empiece el capítulo ayudando a los alumnos a buscar textos o/y titulares sensacionalistas.
- Le recomendamos que empiece con noticias de la actualidad en las que no haya habido neutralidad por parte de la prensa.

Respuestas

Manejo de texto

1 Tabla:

	Roja Directa	Blog socialista
ser pretencioso	*humilla a prisa*	*los más blogueros*
ser desinformador	*pierde la guerra*	*pasan de Internet*
subjetivismo	*no ve delitos*	*ya tiene bitácora*
manipulación	*se libra de la acusación*	*tienen blog propio*

(Las respuestas pueden variar siempre que se demuestre la elección.)

Roja Directa

2

a *se* identifica o representa a Roja Directa

b El uso se llama pasivo reflejo (ver cuadro explicativo)

3 El juez no es parcial; que *no vea* delito no quiere decir que *no exista* o que *no lo haya*.

4

a poner en vergüenza

b La guerra es entre Roja Directa y Sogecable; gana Roja Directa por acabar el caso en sobreseimiento

Un 20% de los diputados tienen blog

5

a No, hay una mayoría que *pasa* de usarla.

b El *PSOE* y los *socialistas*

c *Los más* (blogueros)

d (Opinión personal del alumno)

e Respuestas variables

Texto 5.2.1: Las revistas del corazón

SB P74

- Lea con los alumnos la introducción al texto y explique los diferentes puntos que se mencionan en cuanto a personajes, tipo de publicaciones y tratamiento de los temas. De esa manera puede lograrse que los alumnos consigan tener una opinión sobre ese tipo de publicaciones. No debe olvidarse que el enfoque es para causar polémica.

Respuestas

Interculturalidad

- Los alumnos deberán responder como funcionan en su país este tipo de publicaciones, en caso que existan y poner ejemplos de algunas de estas revistas con los contenidos más populares. Finalmente, compararán estos datos con los que se ofrecen en el texto del capítulo.

Contenidos

1 Tabla:

Idea principal	Explicación	Idea opuesta
"Me gustaría hacer una defensa…"	*"Aunque sólo sea… entenderlas"*	*"Aunque me cansan…"*
La gente no lee nada	*Al menos que lean revistas*	*Es mejor no leer nada*
Es una ventana abierta al mundo	*Mundo irreal o estúpido*	*Miseria e incomunicación*
Ver conductas normales desviadas	*Si toleran en los famosos lo harán en el vecino*	

Gramática en contexto

Conectores (figuras de cohesión)

- en lo que a mí concierne (exponer argumentos)
- por otro lado (contraponer afirmaciones)
- se puede añadir (añadir información)
- en conclusión (sacar conclusiones)

Completar las oraciones:

- además
- de hecho
- por esa razón
- finalmente
- ahora bien

Manejo de texto

1

a Elementos útiles en nuestra vida de ocio

b Acabarán leyendo otra cosa

c Una especie de ventana abierta al mundo

d Ver conductas normales desviadas

e Los alumnos de periodismo deberían analizarlas

f Como hoy se tiran revistas del corazón

2

a concernir

b ocio

c error

d incomunicación

e puritanas

f desviadas

g tiran

3

a Porque abren la mente del que las lee y además fomentan el hábito de la lectura.

b Porque se aprende a aceptar diferentes tipos de conductas.

c Deberían servir de estudio a los periodistas y deberían participar en ellas los buenos escritores.

d Indica que se venden muchas revistas y que si se vendieran tantos periódicos como revistas significaría que la gente está interesada en la información.

Producción escrita

La actividad consiste en que los alumnos utilicen la información que el autor ha usado a favor de estas revistas en contra de ellas y viceversa:

"Es mejor no leer nada que leer revistas del corazón"

"Es mejor vivir en nuestro propio mundo que integrarnos en el mundo irreal y estúpido de las revistas"

Actividad oral interactiva

- Se trata de un debate para el cual tienen que prepararse con la información de la lectura y con los enlaces que hayan utilizado. El objetivo es exponer opiniones y utilizar las figuras de cohesión de un modo coherente.

Texto 5.2.2: Entrevista a Lydia Lozano

SB P78

- Conviene que enfatice en el uso del lenguaje para una entrevista: se trata de lenguaje oral, en muchos casos coloquial, aunque aparezca en un soporte escrito.
- Al leer la entrevista deben encontrarse estos elementos. También aparecen entre paréntesis actos gestuales (sonríe/ suspira) para dar a entender este contacto directo.

Respuestas

Manejo de texto

1

a fiera de la comunicación

b toca todos los palos

c cimentan

d en Madrid (Madrileña)

e se asoma en la pantalla

2

a Sí: Además cantas y bailas/canta y baila

b Sí: Me siento/se siente como en una reunión de amigos.

c No

d Sí: No hay guión.

e Sí: El tema del intrusismo es relativo.

f No

g No

h Sí: Hoy todo el mundo cobra.

3

a Me horroriza hablar de política.

b Por la amistad soy capaz de matar.

c La verdad hay que decirla aunque duela.

d (Opinión personal del alumno)

Texto 5.3.1: Identificando la prensa parcial

SB P81

- Se explora otro fenómeno de las publicaciones. Aquí puede usted enfatizar en las razones políticas como ejemplo más claro de este tipo de manipulación de los medios.

Respuestas

Contenidos

1

a En sacar de contexto o tergiversar la información

b Equilibrada y exacta

2

fuentes selectivas: hacer una preselección con fines de ocultar hechos

doble sistema de valores: aplicar dobles estándares de conducta

estereotipos: abusar de ciertas características o tópicos

opiniones disfrazadas: manipulación subjetiva de un hecho

parcialidad visual: elección de fotos o imágenes que perjudiquen a un sujeto

(Las respuestas variarán)

Actividad oral interactiva

Primeramente, invite a los alumnos a elegir un artículo en español que sea parcial. Asegúrese que cuando lo presenten a la clase incluyan las oraciones que demuestren esta parcialidad y cómo este uso afecta a la información.

Cuando cada alumno (o grupo de alumnos) haya presentado su artículo, se iniciará, moderada por usted, una mesa redonda donde se discuta el fenómeno en profundidad. Ayúdelos a llegar a una conclusión más o menos unánime.

Texto 5.3.2: Prensa parcial

SB P82

- Antes de leer este texto conviene que les allane el camino a los alumnos hablándoles de la situación en Cuba y como el abuso de la parcialidad en la prensa provoca movimientos de protesta.

Respuestas

Manejo de texto

1 Servil e incondicional (del gobierno)

2 Búsqueda desesperada por toda noticia europea

3 Eligiendo bien sus titulares

4 De alguno sensacionalista (el suicidio de un niño)

5

a La ancianidad dirigente

b La inocencia del pueblo

c Extraída

d Grupúsculos

e Vende-patrias (al servicio del imperio)

f No cederá/línea dura

g Oídos sordos

6 El autor piensa que el pueblo cubano no está a favor de la parcialidad:

   "Intentan involucrar"

   "Convirtiéndolos en cómplices"

Teoría del conocimiento

- Analizar los valores culturales y como pueden ser afectados por el tratamiento que les dan los medios de comunicación. La importancia a los diferentes valores varía con cada cultura lingüística.

- El conocimiento de una lengua y su cultura hace ver las diferencias en cuanto a asuntos humorísticos, a tratamiento de las actividades de tiempo libre. Los alumnos deben explorar este tema y apoyarlo con ejemplos específicos.

Duración del capítulo

Depende del número de horas semanales. Pero como media se aconseja un periodo de 4 a 5 semanas por capítulo dedicando de dos a tres lecciones por texto dependiendo de los niveles de dificultad. Todos los textos y actividades resultan adecuados para ambos niveles.

Evaluación

Completar las actividades y las muestras de exámenes anteriores. Asegurarse de que se han cumplido los objetivos del capítulo y comprobarlo con evidencias.

Capítulo 5 – Respuestas a las prácticas para el examen

Mayo 2005 TEXTO B SL — EL PERIÓDICO EN LA ESCUELA: UN TRABAJO DE LECTURA Y ESCRITURA EN COLABORACIÓN

1 B

2 B

15 texto/artículo

16 autor/corrector

17 opiniones

   No se acepta "prácticas"

3 A, B, E, H (en cualquier orden) [4 puntos]

1 E

2 D

3 A

4 C

5 Guadalupe – (los niños que cumplían la función de editores) adquirieron mucha práctica/les entregaban trabajos demasiado extensos

6 Javier – (esto) les llevó a darse cuenta de los distintos tipos de textos (que hay en el periódico)

   No se acepta: "distintos tipos de textos"

7 Guadalupe – (lograron) conservar toda la información esencial

8 Javier – (Cuando concluyeron el primer número del periódico, los alumnos) rotaron (en sus funciones para elaborar el segundo número)

TEMAS TRONCALES: MEDIOS Y COMUNICACIÓN
LA PUBLICIDAD Y LOS ANUNCIOS COMERCIALES

Objetivos	• Reconocer la importancia de la publicidad y de la imagen • Analizar y practicar la creación de campañas publicitarias • Comparar la publicidad en prensa, radio, televisión e Internet • Usar el imperativo en forma afirmativa y negativa
Antes de leer	• Cuestionar la importancia de la publicidad en la vida diaria • Valorar los beneficios y los perjuicios de la publicidad • Polemizar sobre los grados de influencia de la publicidad • Comparar el tipo de publicidad que cada estudiante conoce • Compartir opiniones sobre la publicidad
Contenidos y Manejo de texto	• Observar y comparar los afiches del libro con los recomendados en los enlaces y describirlos • Expresar opiniones críticas sobre el significado, el simbolismo y el mensaje de los anuncios • Escuchar los anuncios de radio y ver los de televisión. Comparar estos anuncios con los afiches • Hacer un listado con los objetivos de cada anuncio y tratar de replicar los mismos, siguiendo esos objetivos
Gramática y Gramática en contexto	• Imperativo, en oraciones afirmativas y negativas
Destrezas lingüísticas	• Receptivas: comprensión de los anuncios del capítulo • Interactivas: presentaciones orales sobre la efectividad de la publicidad y sus técnicas; los alumnos pueden presentar distintas campañas publicitarias de temas relacionados con el colegio. • Productivas: práctica escrita de las estructuras posibles del imperativo en distintas campañas publicitarias. Realizar folletos publicitarios, anuncios, y artículos de promoción sobre productos elegidos en el grupo.
Vocabulario especializado	• Publicidad, comercial, anuncio, mercado, objetivo, campaña publicitaria, consumismo, adicción, rehabilitación, destinatario, eslogan, lema, persuasión, incrementar, apetecible, rechazar, alucinar, provocación, rompecabezas…
Interculturalidad	• Comparación de los tipos de publicidad en los países representados y sus temas preferidos
Intertextualidad	• Enlaces pertinentes a los contenidos
Teoría del conocimiento	• Influencia de la publicidad en todos los ámbitos de la vida
Tarea	• (Uso del profesor)
Notas	• (Uso del profesor)

Ideas o sugerencias para sacarle partido a cada actividad o texto:

- Se recomienda enseñar este tema relacionándolo con la asignatura de Arte, Tecnología y Diseño y/o Informática.

A Campañas contra las drogas (Fundación de ayuda contra la drogadicción)

- Utilice los pósters que hemos incluido en este capítulo y los que aparecen en los enlaces recomendados.
- Realice un estudio de las imágenes, de los lemas, de los mensajes, y la técnica utilizada. Discutir la importancia de esas campañas y la efectividad que la publicidad puede tener en la lucha contra la droga y sus consecuencias.
- Se prepararán campañas similares para distintas problemáticas que puedan afectar a la comunidad escolar.
- Anime a los alumnos a analizar los anuncios, y expresar sus opiniones sobre la efectividad del mensaje publicitario y su efectividad.

B Campaña sobre el uso del casco en motocicleta

- Incite a los alumnos a jugar con palabras como las propuestas por el póster: rompe cabezas y rompecabezas.
- Promueva entre los alumnos la creación de ideas semejantes jugando con las palabras, aunque aparentemente no tengan sentido.

C Anuncios comerciales

- Observe los anuncios de RENFE con sus estudiantes, e invíteles a analizar la composición fotográfica y su mensaje. Busque otros anuncios de esta compañía de ferrocarriles y pida a los alumnos que preparen una presentación sobre los temas y anuncios elegidos. Discutir la fuerza y creatividad de los mismos.
- Hay muchos videos interesantes de las distintas campañas publicitarias de esta compañía: Red Nacional de Ferrocarriles Españoles.
- Otros anuncios publicitarios muy interesantes y divertidos son los de la Cerveza Quilmes, una compañía argentina.

D Campaña sobre el uso obligatorio del cinturón de seguridad en los coches

- Después de observar los anuncios y ver los videos de los anuncios de televisión, discuta con los alumnos sobre el impacto de la imagen en la televisión.
- A la hora de analizar las distintas campañas publicitarias, insista en el público a quién se dirige, tanto como en el mensaje o contenido, y la forma elegida.
- Asegúrese de que los alumnos entienden la importancia del uso de la imagen y la elección de un mensaje provocativo y que origine discusión y reflexión.
- Intente conseguir otros anuncios referentes a lo mismo: el uso del cinturón de seguridad en distintos países de Latinoamérica. Y compare, si es posible, con otros países en general.
- Hay muchas campañas interesantes y atractivas para los jóvenes. Deje que ellos busquen información y elijan una campaña en concreto. Preferiblemente en español, pero si es en otra lengua, deberán preparar la suya propia en español.
- Para terminar el capítulo le sugerimos realizar un análisis de algunos anuncios de publicidad comercial, y recomiende a los alumnos que presten atención a los detalles y consideren si algunos anuncios utilizan algún tipo de manipulación sutil o abierta.

Respuestas

Gramática en contexto

- Practique con sus estudiantes el uso del imperativo en todas las situaciones posibles y utilizando el registro adecuado a cada situación. Discuta con ellos a *quiénes* tienen que dirigirse y qué *registro* usar en las distintas situaciones.

  Explique a sus alumnos los **usos del imperativo:**

- En primer lugar, el imperativo solo se concibe en 2ª persona; en un acto comunicativo un hablante da órdenes, o sugerencias o ruegos, etc. a un oyente y nunca a terceras personas. Por ello, solo usaremos las formas de 2ª persona singular y plural. El imperativo distingue entre un registro informal (tú y vosotros) y el formal (usted o ustedes).

- Otra característica importante a tener muy presente, es que la forma de 2ª persona plural (*vosotros*) se utiliza únicamente en España, y que el resto de los países prefiere usar la forma correspondiente a *ustedes* (uso formal en España, que ha perdido esa carga de formalidad en Latinoamérica).

- Es sumamente importante distinguir el registro adecuado a las circunstancias. En todo momento se recomienda utilizar el registro formal en la mayoría de situaciones en Latinoamérica. En España el uso se ha ido relajando con el tiempo, pero es conveniente utilizarlo en condiciones laborales, de estudios, etc.

  Usamos el imperativo para lo siguiente:

  Dar instrucciones
  Mezcla la harina con los huevos y luego ponlo todo en el recipiente adecuado.

  Rogar
  Ayúdame, dame una mano, por favor.

  Mandar, ordenar
  Ven aquí inmediatamente.

  Aconsejar
  Deja de trabajar y descansa un poco.

  Invitar
  Venid todos a mi fiesta el sábado por la noche.

  Dar permiso
  Abre la ventana si quieres.

- **Tú**
  La forma del imperativo para la persona *tú*, corresponde a la tercera persona del presente de indicativo, en todas las conjugaciones.
  Ejemplo:
  Come, bebe y disfruta de la fiesta.
  Escucha la música y calla.

  Hay ocho formas irregulares para la persona **tú**:

Decir	Hacer	Ir	Poner	Salir	Ser	Tener	Venir
Di	*Haz*	*Ve*	*Pon*	*Sal*	*Sé*	*Ten*	*Ven*

- **Vosotros**
  Para esta forma, sustituimos la -*r* final del infinitivo, por una -*d.* No hay irregulares.
  Ejemplos:
  Leed esos libros.
  Haced los ejercicios.

  En la lengua hablada, y de forma coloquial se utiliza el infinitivo por error y cercanía. No es lo recomendable.
  Ejemplos:
  > *Leer esos libros: No leas, No lea, No leáis, No lean*
  > *Hacer los ejercicios: No hagas, No haga, No hagáis, No hagan*

- **Usted y ustedes**

  Para estas formas usamos la tercera persona singular, o plural, del presente de subjuntivo:

  Ejemplos:

  Tome un café.

  Escriban sus nombres en este papel.

- **Imperativo negativo para todas las formas**

  Siempre se utiliza el presente de subjuntivo en todas las personas.

  Ejemplos:

Persona	Afirmativo	Negativo
Tú	*Calla*	*No calles*
Vosotros	*Comed*	*No comáis*
Usted	*Suba*	*No suba*
Ustedes	*Bailen*	*No bailen*

Compare con los imperativos expresados en las campañas contra la droga:

Afirmativas	Negativas
• *"Venga, hombre"*	• *"No seas gallina"*
• *"Prueba un poco"*	• *"No te cortes"*
• *"Hazlo ahora"*	• *"No juegues"*

- Sugiera a sus alumnos que anoten todas las formas que expresan mandato o sugerencias que aparecen en las distintas campañas cuando consulten los enlaces del capítulo.

- **Presente de indicativo y de subjuntivo**

  Es ahora un buen momento para recordar y consolidar las formas del presente de indicativo y de subjuntivo. En la tabla siguiente hemos utilizado la negrita para las formas que son útiles para el imperativo.

	-ar		-er		-ir	
	Indicativo	Subjuntivo	Indicativo	Subjuntivo	Indicativo	Subjuntivo
Yo	hablo	hable	como	coma	escribo	escriba
Tú	hablas	**hables**	comes	**comas**	escribes	**escribas**
El, Ella, **Usted**	**habla**	**hable**	**come**	**coma**	**escribe**	**escriba**
Nosotros/as	hablamos	hablemos	comemos	comamos	escribimos	escribamos
Vosotros/as	habláis	**habléis**	coméis	**comáis**	escribís	**escribáis**
Ellos/as, **Ustedes**	hablan	**hablen**	comen	**coman**	escriben	**escriban**

Tú	*Habla*	*No hables*	*Come*	*No comas*	*Escribe*	*No escribas*
Usted	*Hable*	*No hable*	*Coma*	*No coma*	*Escriba*	*No escriba*
Vosotros/as	*Hablad*	*No habléis*	*Comed*	*No comáis*	*Escribid*	*No escribáis*
Ustedes	*Hablen*	*No hablen*	*Coman*	*No coman*	*Escriban*	*No escriban*

Teoría del conocimiento

Uno de los objetivos principales de este capítulo es reconocer la importancia de la publicidad y como puede ser de gran ayuda para nuestra sociedad. Discuta con sus alumnos las posibilidades positivas y las negativas de la publicidad en general.

Duración del capítulo

Depende del número de horas semanales. Pero como media se aconseja un periodo de 4 a 5 semanas por capítulo dedicando de dos a tres lecciones por texto, dependiendo de los niveles de dificultad.

Evaluación

Completar las actividades y las muestras de exámenes anteriores. Asegurarse de que se han cumplido los objetivos del capítulo y comprobarlo con evidencias.

Capítulo 6 – Respuestas a las prácticas para el examen
Noviembre 2002 TEXTO A SL — Un kilo de ayuda

1 México

2 De 0 a 5 años

3 A reir, crecer y aprender (en cualquier orden)

4 A

5 D

6 F

7 (en las principales) cadenas de autoservicio

TEMAS TRONCALES: MEDIOS Y COMUNICACIÓN
TELEFONÍA MÓVIL Y MENSAJES DE TEXTO

Objetivos	• Recapacitar sobre el uso y abuso del móvil • Analizar los símbolos en mensajes • Explorar sus consecuencias gramaticales, sintácticas y ortográficas • Reconsiderar la alfabetización • Usar conectores entre oraciones subordinadas
Antes de leer	• Abrir una discusión con las opiniones que tenga la clase sobre los abusos del teléfono móvil
Contenidos y Manejo de texto	• Responder preguntas con la información del texto • Interpretar mensajes de texto • Descifrar fragmentos/pasajes • Señalar ideas pertinentes a partir de una lista • Buscar sinónimos/significados
Gramática y Gramática en contexto	• Cláusulas adverbiales (*cuando/aunque/mientras*) • Oraciones subordinadas
Destrezas lingüísticas	• Receptivas: comprensión de los textos del capítulo (algunos utilizando lenguaje de mensajes de texto) • Interactivas: aportar ejemplos que prueben la eficacia de los mensajes de texto; ortografía y claridad de expresión • Productivas: práctica escrita de las estructuras estudiadas (incluyendo los símbolos de los mensajes de texto)
Vocabulario especializado	• Telefonía móvil (términos específicos de los usos del teléfono móvil) y mensajes de texto (cambios ortográficos) • Símbolos y emoticones (aplicaciones)
Interculturalidad	• Similitudes y diferencias entre el lenguaje de texto en español y sus propias lenguas
Intertextualidad	• Enlaces pertinentes: lenguaje chat, explorar SMS
Teoría del conocimiento	• Explorar las diferencias entre el lenguaje de símbolos y el lenguaje natural • Adquisición de diferentes tipos de lenguaje
Tarea	• (Uso del profesor)
Notas	• (Uso del profesor)

Texto 7.1.1: Teléfono móvil: no es un juguete

SB P96

- Conviene que empiece preguntándoles a los alumnos sobre su uso personal del teléfono móvil; ¿piensan ellos mismos que a veces abusan de él? ¿piensan que lo usan como si fuera un juguete?

Respuestas

Contenidos

1

a Tener localizado a su hijo y hacer que no se sienta discriminado

b La publicidad lo ha convertido en el regalo más popular sin pensar en los inconvenientes

c Porque las radiaciones afectan más al no haber completado el desarrollo físico

d La cantidad de aplicaciones/funciones que se encuentran en un móvil

e Intranquilidad y ansiedad

f Cuando no pueden utilizar el móvil porque no son capaces de entretenerse de otra forma

g Porque se hacen más llamadas y el móvil resulta más caro que el fijo

h Se pretende aumentar la comunicación y se consiguen peleas y discusiones

Gramática en contexto

Conector	Verbo en indicativo	Verbo en subjuntivo
que	*conviene*	*se financien*
aunque	costearán	proporcionen
que	es	permitan
que	es	asuman
cuando	recomienda	estén

Texto 7.2.1: Lenguaje *chat*

SB P100

- Tambien conviene que empiece poniendo en conjunto los símbolos y abreviaturas que se utilizan en inglés para servir de base a este tipo de mensajes utilizando el español.

- Aconséjeles que lean la lista de los más comunes y que vean las expresiones más usadas: *Te quiero mucho, te echo de menos*, etc.
  (*Práctica de mensajes por parte de los alumnos.*)

Texto 7.2.2: La alfabetización de los jóvenes en el siglo XXI

SB P101

- Se trata de ver cómo influye este lenguaje en la ortografía y en el estilo formal. Para ello, los alumnos deben dar sus propias opiniones antes de la lectura del texto.

Respuestas

Contenidos

1

a Sí

b *"Es innegable que ha sido una revolución"*

c *"Su rechazo a las normas establecidas"*

d La ortografía

Traducción del mensaje:

"Según un estudio de una universidad inglesa, no importa el orden en el que las letras están escritas, la única cosa importante es que la primera y la última letra estén escritas en la posición correcta. El resto pueden estar totalmente mal y aun podrás leerlo sin problemas. Esto es porque leemos cada letra por sí misma pero la palabra es un todo. Personalmente me parece increíble…"

Actividad intertextual

- Los alumnos darán su opinión personal a las preguntas que vienen a continuación.
- Seguidamente viene una serie de instrucciones para explorar el lenguaje SMS y manual para escribir mensajes cortos.
- Los alumnos compondrán sus propios mensajes utilizando las reglas que lo explican. Se trata de interpretar y traducir mensajes entre ellos.

Texto 7.3.2: Experiencias

SB P104

- Se trata de contrastar las experiencias de un adicto al sistema y las de personas neófitas al mismo. Antes de leer los alumnos deben decidir en qué categoría se encuentran ellos y sus padres.

Respuestas

Manejo de texto

1

b programar las noticias del día

c programar la melodía

d saludar y desear los buenos días

e proporcionar consejos sobre los vinos

2

a No me aclaro

b Apenas

c Norma

3

b que usan el lenguaje inapropiado

4

"Hola guapa ¡Qué tal? Yo estoy bien pero os echo de menos. ¡No me quería separar de vosotros! Te he mandado un email pero creo que no te ha llegado mi email… es que solo… todo el mundo. Besos."

Texto 7.4: Conclusiones: La nueva alfabetización

SB P106

- Una vez que hayan leído las conclusiones, divida la clase en grupos para preparar la Actividad oral interactiva

Actividad oral interactiva

- Elaborar sobre las dos preguntas que se ofrecen. Se debe hacer hincapié en que las desarrollen con ejemplos concretos o situaciones donde los usos descritos puedan aplicarse.
- Pueden terminar aportando su experiencia personal en esa área.

Teoría del conocimiento

- Explicar las diferencias de este tipo de comunicación apoyando la explicación con experiencias personales, analizar el conocimiento adquirido tras ver como se utilizan los símbolos en la lengua española.
- Tras haber visto como funciona en español el lenguaje de símbolos, analizar la adquisición del lenguaje y sus aplicaciones del conocimiento lingüístico y el nivel necesario para llevarlas a cabo.

Duración del capítulo

Depende del número de horas semanales. Pero como media se aconseja un periodo de 4 a 5 semanas por capítulo dedicando de dos a tres lecciones por texto, dependiendo de los niveles de dificultad.

Evaluación

Completar las actividades y las muestras de exámenes anteriores. Asegurarse de que se han cumplido los objetivos del capítulo y comprobarlo con evidencias.

Capítulo 7 – Respuestas a las prácticas para el examen
Noviembre 2007 TEXTO C SL— EL FUTURO DE LA LENGUA

1 hay pocas normas rígidas

2 los docentes tienen dudas

3 una carta

4 los telegramas (antiguos)

5 antídoto

6 A, B, D (en cualquier orden)

7 tal y como lo conocemos

8 esto hace

9 quién sabe hasta cuándo/dispuestos a permanecer

TEMAS TRONCALES: COMUNICACIÓN Y MEDIOS
EL INTERNET, LA PRENSA Y LA TELEVISIÓN

Objetivos	• Debatir sobre las ventajas y desventajas del Internet, la prensa y la televisión • Analizar la influencia de los medios en el lenguaje • Prestar atención a pequeñas diferencias en palabras que pueden aportar significados totalmente distintos • Ordenar ideas al escribir y al hablar
Antes de leer	• Generar en la clase una discusión sobre las ventajas y desventajas del Internet, la prensa y la televisión
Contenidos y Manejo de texto	• Contestar preguntas utilizando palabras del texto • Decidir si los enunciados son verdaderos o falsos justificando la respuesta • Seleccionar información verdadera de una lista de afirmaciones, en relación con el texto leído
Gramática y Gramática en contexto	• Entender y expresar opiniones • Ordenar las ideas de un texto oral y escrito (utilizando conectores y nexos) • Distinguir los elementos que forman palabras compuestas
Destrezas lingüísticas	• Receptivas: comprensión de los textos del capítulo • Interactivas: debate oral sobre la importancia del Internet, la prensa y la televisión • Productivas: práctica escrita de las estructuras estudiadas
Vocabulario especializado	• Información, informática, comunicación, medios de comunicación, fuentes, anonimato, conexión, en línea, la red, infraestructura, ordenador, computadora, punto de vista, virtual, navegar, bajar, copiar y pegar, virus, imprimir, chatear, correo electrónico, fraude, credibilidad, verosimilitud, parcialidad e imparcialidad, objetividad y subjetividad, voyerismo…
Interculturalidad	• Comparación entre el uso del Internet, la televisión y la prensa en los distintos países de la comunidad escolar
Intertextualidad	• Enlaces pertinentes a los contenidos • Comparar portadas de diarios y enfoques de una misma noticia en distintos periódicos y revistas • Comparar titulares de distintos periódicos o páginas web sobre una misma noticia o suceso
Teoría del conocimiento	• Cuestionar la importancia y la influencia del Internet y otros medios de comunicación en la vida diaria y en el lenguaje
Tarea	• (Uso del profesor)
Notas	• (Uso del profesor)

Instrucciones detalladas (sobre como enfocar cada texto)

Este tema puede tratarse en conjunto con la asignatura de Diseño tecnológico, Informática y/o Arte.

8.1 ¿Qué es el Internet?

SB P110

- Pida a los alumnos que seleccionen cinco características de las listas de ventajas y desventajas del Internet y que expliquen las razones de su elección.
- Pida a los alumnos que añadan otras ventajas y desventajas que no aparezcan en las listas y que expliquen las razones.
- Promueva una discusión sobre la falta de acceso a Internet en muchas áreas y sus consecuencias.
- Los alumnos pueden organizarse en grupos para presentar una serie de propuestas sobre como conseguir que el Internet esté al alcance de todos.

Respuestas

Contenidos

Las respuestas variarán según opiniones personales.

8.2 La prensa

SB P111

- Presente a los alumnos una serie de recortes de prensa de actualidad. Busque diferentes versiones de un mismo suceso y pídales que descubran esas diferencias y las describan oralmente. Puede después pedir a cada estudiante elegir un suceso del día y buscar en distintos periódicos y revistas.
- Explíqueles la importancia de las portadas y los titulares. Pídales que presten atención a los pies de foto.
- Elija una noticia del día y pida a sus estudiantes que reescriban la noticia con distintos puntos de vista.
- Compare con los alumnos las noticias que aparecen en un día específico, en todos los periódicos, revistas y medios de comunicación a los que tenga acceso en clase.

8.3 La televisión

SB P112

- Pregunte a los alumnos que entienden por *realities* y si conocen algún programa de este tipo. Favorezca la discusión sobre sus opiniones a favor o en contra.
- Pídales comparar los programas y sus versiones según los países y reflexionar sobre esas diferencias y sus significados.

Texto 8.3.1: Ensayo ganador del concurso "Los realities"

- Se recomienda buscar algún episodio de un programa de este tipo y preguntar a los alumnos su opinión en general sobre estos productos televisivos, y en particular sobre el episodio encontrado. Después leer el texto.

Respuestas

Contenidos

1

a Por el inconsciente *voyerismo* del ser humano

b No. Los programas no pueden ser considerados reales. Los hechos que aparecen en los programas no existen, son sólo interpretados. Solo nos muestran un concurso. Toda esa realidad no es más que una ilusión, una realidad de televisión y una fantasía.

c Una serie de programas ha infestado nuestra televisión/Los hay en todas las formas y colores

d Según el texto, hay muertos, violencia, feos, pobreza… gente que lucha por ser alguien, sin encerrarse en una casa con cámaras ni vendiendo su privacidad

Manejo de texto

1

a V *Toda esa realidad es solo una infraestructura montada en torno a la publicidad, que enriquece a los medios/Es un negocio muy rentable*

b V *Parecen títeres*

c F *No vemos los hechos sino lo que el canal ha editado*

d V *Es una forma de salir de nuestras aburridas vidas/Es nuestro deseo de fama, de dinero, nuestra propia ambición*

Gramática en contexto

- Recuerde a los alumnos la necesidad de utilizar expresiones temporales para ordenar las ideas (números ordinales y adverbios):

  Primero, segundo, tercero…

  Después, luego, mientras tanto, enseguida, cuando, recién, etc.

- Haga junto con ellos un listado de adverbios de tiempo, (y de modo, de afirmación, de negación, de cantidad, de deseo, de duda, etc.) que puedan usar en sus escritos.

- Sugiera algunos ejemplos como punto de partida y luego hágales escribir textos en los que utilicen estas expresiones.

Producción escrita

- Sugiera buscar otros textos sobre la televisión y el tipo de programas que pueden ser considerados de calidad y explicar las razones para esa consideración.

- Después los alumnos deben escribir sus conclusiones.

Texto 8.3.2: 10 consejos para ver televisión

SB P115

- Lea el texto con sus alumnos y después pídales que pongan atención e identifiquen cada uno de los consejos del texto (1–10), con las oraciones que vienen a continuación (a–l). Muchos se repiten o pueden ser interpretados de varias formas.

Respuestas

Manejo de texto

1	d	6	a, j, i
2	e, h	7	k
3	i	8	m
4	c, f, e	9	b, h
5	g	10	b, d

Actividad oral interactiva

Sobre el Internet

- Los alumnos deben realizar un listado con 10 consejos para usar positivamente el Internet en las casas. Deben presentarlo oralmente ante el grupo. Discuta las opiniones de cada uno y después entre todos deben decidir cuáles son los mejores 10 consejos. Siempre se les debe insistir en explicar las razones de su elección.

- Pídales que hagan una presentación sobre la vida antes y después del Internet y que comparen con otros países y regiones donde el Internet no es accesible.

Sobre la prensa

- Los alumnos deben buscar ejemplos de distintos periódicos en español y otras lenguas, y analizar el tipo de noticias que se dan, y como las presentan. En una de esas actividades orales pida que comparen periódicos y su presentación o posible manipulación de las noticias.

Sobre la televisión

- Otra actividad puede realizarse en torno a la televisión. ¿Por qué unos programas son más populares que otros? ¿Cuáles son los programas populares en el país de residencia y en los países de origen?

- Comparar los programas conocidos como documentales y los *realities*. Organizar una discusión sobre la influencia que los últimos han tenido en la sociedad en general.

- Sería útil acceder a través de Internet a algún capítulo de alguno de estos programas en español y analizarlo desde el punto de vista del espectador: valores que se manejan, tipo de ropa, de adornos utilizados, tipo de lenguaje, personajes que reciben más apoyo del público y por qué.

- Busque junto con sus estudiantes algún programa cultural de cualquier país latinoamericano, o España, o cualquier canal en español y analice los contenidos, y el tipo de público al que se dirige. Comparen con ellos los tipos de programas emitidos y los horarios en que éstos se emiten.

- Estas actividades pueden presentarse de forma individual y practicar de ese modo las actividades orales individuales.

Interculturalidad

- Organice una mesa redonda en la que cada alumno explique a los demás como es la televisión en su país o en un país conocido; añadir que tipos de programa son los más populares y las razones. Describir otro tipo de programas.

- Analizar los valores que la televisión puede reflejar y si estos valores pueden influenciar al público en general.

- Hacer lo mismo sobre el Internet y la prensa.

- Discutir la influencia que la prensa puede llegar a tener en las decisiones políticas de cualquier país, en sus valores estéticos, en los deseos de obtener o comprar ciertos productos y no otros, etc.

Teoría del conocimiento

- Proponga una reflexión sobre la influencia de la televisión, el Internet y la prensa en la sociedad en general y en el lenguaje en particular.
- Organice una discusión sobre la influencia del Internet en las protestas políticas (2011) en diversos países (especialmente en los países árabes, en España: el llamado *15M* o *15 de mayo*). Discuta también la razón por la cual el Internet es mucho más lento que algunos aparatos que utilizan la misma red, como el navegador (también conocido como Tom Tom), y cuál puede ser la explicación para este fenómeno.

Duración del capítulo

Depende del número de horas semanales. Pero como media se aconseja un periodo de 4 a 5 semanas por capítulo dedicando de dos a tres lecciones por texto, dependiendo de los niveles de dificultad. Las actividades orales interactivas también pueden adaptarse según sea el nivel de la classe.

Evaluación

Completar las actividades y las muestras de exámenes anteriores. Asegurarse de que se han cumplido los objetivos del capítulo y comprobarlo con evidencias.

Capítulo 8 – Respuestas a las prácticas para el examen
Noviembre 2005 TEXTO D SL — EL CHAT O LA VIDA

Criterio A:

Propósito comunicativo: carta informal

Mensaje: El alumno deberá mencionar algunos de estos datos:

- los chats son muy populares entre los hombres jóvenes
- son la segunda actividad recreativa después de la televisión
- las relaciones son anónimas, convenientes y rápidas
- los tímidos, los pocos sociables y los que no tienen confianza en sí mismos pueden hacer muchos amigos
- habla de los temas que te interesan
- la opción de volverte un personaje sin tus defectos y con todas las virtudes que desearías tener
- da lo que quieres sin pedir nada a cambio y sin juzgarte
- puede ser adictivo
- puedes perder tiempo, sueño y amigos
- te vuelves irritable
- puedes descuidar tu trabajo y tus estudios

Los ítems 1 y 2 son comunes a los dos grupos; del 3 al 7 serían las ventajas y del 8 al 11 las desventajas.

Cuidado:

- Los datos podrían aparecer expresados de otra manera, según la creatividad del alumno.
- Se aceptará la inclusión de otros detalles que contribuyan a que la respuesta sea más convincente pero no se contabilizarán como datos pertinentes.
- Tengan en cuenta que además de los datos pertinentes incluidos en la respuesta deberán considerar los restantes aspectos descritos en el criterio de evaluación para este componente.

Criterio B:

Se deberían incluir al menos 4 de estos datos para obtener un nivel 5.

Se deberían incluir al menos 6 de estos datos para obtener un nivel 9.

Registro y estilo: Registro informal e íntimo

MIGRACIÓN

Objetivos	• Reflexionar sobre la migración: razones y consecuencias • Diferencias entre inmigración y emigración • Influencia de la migración en el lenguaje • Considerar el léxico relacionado con el tema • Usar el condicional
Antes de leer	• Plantear en clase las dificultades de la migración en general. Países de acogida y países de emigrantes • Pedir a los alumnos que hagan un listado con las diversas razones por las cuales la gente emigra • Reflexionar sobre la emigración e inmigración en el pasado • Organizar un debate sobre los aspectos positivos y los negativos de la inmigración y la emigración. Discutir sobre las implicaciones que acarrea a nivel social, familiar, económico, político, etc. • Pedir a los alumnos que piensen en alguien cercano que pueda ser un emigrante o inmigrante, y que intenten explicar las razones por las cuales dicha persona se ha ido de su país para ir a otro
Contenidos y Manejo de texto	• Decidir si los enunciados son verdaderos o falsos justificando la respuesta • Responder a preguntas cortas de acuerdo con el contenido del texto • Completar tablas con la información requerida • Identificar sinónimos • Identificar frases u oraciones que corresponden con ideas del texto. Escribir la(s) letra(s) correspondiente en las casillas del texto • Relacionar los espacios numerados con una de las preguntas de otra columna, para una entrevista en la que faltan preguntas
Gramática y Gramática en contexto	• El condicional; explique la importancia y utilidad del condicional • Trate de practicar el condicional con sus estudiantes en todas las formas posibles, tanto oralmente como por escrito • Haga hincapié en los verbos irregulares y el condicional
Destrezas lingüísticas	• Receptivas: comprensión de los textos del capítulo • Interactivas: debate oral sobre las razones, ventajas y desventajas de la migración a nivel individual, social y político • Productivas: práctica escrita de las estructuras estudiadas
Vocabulario especializado	• Migración, inmigración, emigración, desplazamiento, ilegal, legal, crisis, censo, ciudadanía, residencia, refugiado, permiso, visualización, promisorio, oportunidades, inseguridad, riesgo, desarrollo, país industrializado, vías de desarrollo, incertidumbre, diáspora, búsqueda, busca, realización, autorrealización, condiciones de vida, predominante, objetivo, forzar, resaltar, incrementar, motivos, origen, destino, garantía, contrato, emprendedor, sustentar, indicador económico, remesas, encargos, latitudes, altitud, ubicado, idiosicransia, ingresos, desempleo, boleto, billete, ticket, prestar atención…

Interculturalidad	• Comparar la situación de los alumnos respecto a su cualidad de inmigrados y emigrados • Discutir sobre las implicaciones de sus situaciones en los países de origen y en los países receptores • Proponer una reflexión sobre las diferencias entre inmigración legal e ilegal, y la razón para esta diferencia, así como las repercusiones que la ilegalidad acarrea en las personas y la sociedad
Intertextualidad	• Comparación de textos y producción de conclusiones en distintos formatos
Teoría del conocimiento	• Cuestionar la importancia, necesidad y repercusiones de la migración • Analizar la problemática del aprendizaje de un nuevo idioma y su significado • Discutir la influencia de la migración en el lenguaje en general
Tarea	• (Uso del profesor)
Notas	• (Uso del profesor)

Ideas o sugerencias para sacarle partido a cada actividad o ejercicio

• Se recomienda enseñar este tema en conjunto con las asignaturas de Geografía, Sistemas de Medio Ambiente y/o Economía.

Instrucciones detalladas (sobre como enfocar cada texto)

• Preparar a los alumnos para el tema de estudio mirando mapas del mundo, y observando los canales que se siguen en la migración a otros países. Pensar en las distintas oportunidades de acuerdo con la nacionalidad, el nivel académico y los tratados internacionales. Centrar la discusión en los latinoamericanos y sus destinos preferidos: Estados Unidos y Europa.

• Preguntar a los alumnos sobre sus propias experiencias como inmigrantes y emigrantes.

• Ver y discutir algunas de las películas recomendadas o cualquier otra de su elección que trate el tema de la migración (preferentemente en español).

9.1 Migración en Latinoamérica

SB P120

• Debe iniciarse la lección con la lectura completa del texto.

• Los alumnos harán una reflexión sobre las ideas del texto que parecen más relevantes.

• Se puede elaborar una lista con todas estas ideas. Los alumnos deben crear su listado de palabras nuevas.

Respuestas

Manejo de texto

1

a F *México constituye la porción más grande de extranjeros de un solo país (Estados Unidos)*

b F *Para muchos países sudamericanos, Europa está desplazando a los Estados Unidos como la región más atractiva*

c F *Hace unos diez o doce años, Venezuela era un país que no tenía emigración*

d F *Un 43% de la población venezolana se marcharía y en el caso de los jóvenes, un 53%*

2

a Motivos religiosos y ventajas económicas para los inmigrantes

b de México

c Alemanes

d la búsqueda de la autorrealización

3

a décadas   destacar   reveló   forzado

b estudios   aumenta   incertidumbre   razón

Interculturalidad

- Crear el ambiente relajado necesario para que los alumnos puedan explicar su situación personal, sin ser interrumpidos. Los alumnos deben extraer conclusiones; deben ser capaces de escuchar, entender y comprender la situación personal y también la de cada país representado en la clase.

- Los alumnos pueden pertenecer a sectores privilegiados, en los que la migración no representa ningún trauma personal, pero puede haber alguno para los que sea un tema doloroso.

- Es importante conseguir que todos los puntos de vista sean escuchados y tenidos en cuenta.

Texto 9.1.2: ¿Qué están haciendo los latinoamericanos en el exterior?

SB P123

Respuestas

Manejo de texto

1

a V *Algunos aceptan realizar trabajos y oficios con tal de permanecer en el país seleccionado, aunque sea en condiciones de ilegalidad*

b V *Se está dispuesto a "perder estatus" con tal de ganar bienestar económico. Aceptan realizar trabajos y oficios que tal vez no harían en su país de origen*

c F *Los latinoamericanos están prestando mucha atención a lo que pasa en sus países*

d V *La existencia de medios de comunicación en español y con contenidos latinos en Estados Unidos y hasta en países tan lejanos como Australia*

e V *Aumento de opciones de comunicación telefónica, con tarifas especiales de larga distancia*

- Los alumnos deben buscar información sobre las *remesas* (envío de dinero desde países receptores a los países de origen) y discutir el tema en clase.

Actividad intertextual

- Los alumnos deben buscar información sobre el mercado internacional de comidas y bebidas destinado a inmigrantes y emigrantes.
- Deben buscar también información sobre la influencia de la migración en la formación de lenguas o variantes del español (como el *Spanglish* en Estados Unidos; *Pichinglis* en Guinea Ecuatorial) y otras lenguas (cajun, creole, pidgin, etc.).
- Después deben escribir sus conclusiones.

Texto 9.1.3: ¿Realmente me quiero ir?

SB P124

Respuestas

Manejo de texto

1
[- 2 -] *Ejemplo*: [e]
[- 3 -] [g]
[- 4 -] [d]
[- 5 -] [c]
[- 6 -] [a]

2
a ubicado
b mudaste
c idiosincrasia
d regresarte
e desconfiado
f desempleo
g precaución
h mejoras profesionales
i latitudes
j planificar

Actividad oral interactiva

- Presentación oral basada en las respuestas obtenidas en una encuesta realizada en la comunidad escolar, o en una población determinada a la que los alumnos tengan acceso.

- Descubrir el acceso al español en los países de origen de los alumnos. Se puede pensar en cualquier otro idioma.
- Considerar la situación lingüística de los inmigrantes en los países representados o en cualquier otro de elección.
- Se puede realizar una presentación oral individual o en grupo.

Texto 9.1.4: Me quiero ir a vivir a...

SB P127

Respuestas

Manejo de texto

1

a Es el proceso de adaptación (emocional y práctico) a una nueva cultura.

b Sentimientos encontrados, "*cortocircuitos*", ansiedad, temor, etc.

c El idioma, un adiestramiento especializado o cursos de nivelación, equivalencias para un nuevo plan de estudios, incluso aceptar un trabajo inferior a las expectativas personales, etc.

d Informarse bien sobre las características socio-culturales del país de destino.

Texto 9.1.5: Testimonio de una emigrante mexicana en Alemania

SB P128

Respuestas

Manejo de texto

1

a F *Quiso conocer una nueva cultura y obtener una mejor educación*

b F *Cambió poco a poco… Empezaba a percibir lentamente las diferencias culturales…*

c V *Hubo muchos momentos en los cuales pensó volver…*

d V *Me ha ayudado a crecer mucho como persona y a madurar bastante*

e F *Nunca pensé que me exigirían tanto*

2

a percibir

b incontables

c reto

d trámites

Texto 9.1.6: Emigrar, fenómeno global

SB P129

- Utilice este texto como pretexto para comparar los viajes por placer, por negocios, por cambio de residencia, por busca de trabajo, y los distintos medios de transporte.

- Busque fotos de personas viajando en aeropuertos, puertos, estaciones de tren, estaciones de autobuses, en países latinoamericanos principalmente. También puede buscar fotos sobre los viajes de algunos emigrantes africanos hacia Europa a través del Estrecho de Gibraltar, en las llamadas *pateras*.

- Discuta con ellos los peligros a que se enfrentan en este tipo de viajes. Y hágales reflexionar sobre el Artículo 13 de la Declaración de Derechos Humanos sobre el derecho a viajar, salir de su país y volver.

Actividad intertextual

- Después de haber buscado información sobre la migración y la lectura de los textos del capítulo, los alumnos deben leer la Declaración Universal de los Derechos Humanos, muy especialmente el artículo 13 y discutir sus implicaciones.

- Deben buscar textos en donde ese derecho se cuestiona y escribir su propia conclusión en forma de artículo para el colegio, o cualquier otro tipo de texto.

- Se recomienda crear una revista o periódico escolar en el que se incluyan estos artículos en español y en otras lenguas, para enriquecer la experiencia intercultural y el internacionalismo.

Producción escrita

- Después de ver una de las películas recomendadas, o cualquier otra que trate del tema de la migración, los alumnos deben escribir una reseña cinematográfica. Enséñeles algunas reseñas con anterioridad para que puedan reproducir el estilo. (Ver tipos de textos.)

Actividad oral interactiva

- Organizar un debate sobre las condiciones y razones de la migración en una serie de países elegidos previamente por los alumnos.

- Después del debate, los alumnos deben producir una serie de recomendaciones sobre como acabar con la migración no voluntaria, ya sea por razones políticas, económicas, raciales, etc.

Gramática en contexto

- Pedir a los alumnos que realicen un listado de palabras nuevas.

- Practicar el uso del condicional. Pídales que marquen los condicionales que encuentren en los textos.

- Insista en que esta forma verbal implica la existencia de una condición, y expresa generalmente una acción posterior a otra (la condición); expresa también posibilidad, o se puede usar como una forma de cortesía en vez del presente.

Infinitivo	Futuro Simple	Condicional (+*terminaciones de persona*)
tener	tendr-	tendría
poder	podr-	podrías
poner	***pondr-***	pondría
haber	habr-	***habríamos***
saber	sabr-	sabríais
salir	***saldr-***	***saldrían***
venir	vendr-	***vendría***
hacer	har-	haría
decir	dir-	***diría***
querer	***querr-***	querría

Texto 9.2.1: La integración de los inmigrantes en España

SB P132

Contenidos

(Se pueden aceptar diversas respuestas, expresadas de forma distinta.)

1

a De la valoración que se da a los inmigrantes y del tipo de sociedad que se quiere construir.

b Pluralismo significa aceptar la diversidad como algo enriquecedor, pero con condiciones de integración. Multiculturalismo significa la convivencia de diversas culturas.

c Como algo positivo, enriquecedor

d Tolerancia recíproca hacia lo diferente, y consenso básico como base de la democracia

2

a Asimilación

b Inserción

c Asimilación

d Integración

e Integración

3

	Características
Acogida	"Información inicial para el proceso de integración"
Educación	"Facilitar el aprendizaje del idioma y las costumbres"
Empleo	"Suelen trabajar en empleos de menor cualificación y en peores condiciones"
Salud	"Información sobre los servicios que pueden recibir"
Servicios Sociales	"Se requiere estar empadronado para recibir los servicios"
Otros	"Vivienda, justicia, planificación…"

Producción escrita

- Explique a los alumnos como escribir un informe y pídales que escriban uno sobre la situación de los inmigrantes en un país de su elección. (Ver tipos de textos.)

Actividad oral interactiva

- Organice una especie de "*role-play*" en el que los alumnos representan las distintas fases de integración. Déjeles elegir el formato de presentación, ya sea en grupo o individualmente, o como una experiencia biográfica personal, en forma de diario, etc.

Teoría del conocimiento

- Reflexionar sobre los condicionamientos para el aprendizaje de un idioma y por qué algunos inmigrantes rechazan aprender el idioma del país de acogida.
- Discutir sobre la percepción de la cultura y costumbres de los países de acogida por los inmigrantes, y de los nativos respecto a la cultura y costumbres de los inmigrantes.

Duración del capítulo

- Depende del número de horas semanales. Pero como media se aconseja un periodo de 4 a 5 semanas por capítulo dedicando de dos a tres lecciones por texto, dependiendo de los niveles de dificultad.

Evaluación

- Completar las actividades y las muestras de exámenes anteriores. Asegurarse de que se han cumplido los objetivos del capítulo y comprobarlo con evidencias.

Capítulo 9 – Respuestas a las prácticas para el examen
Noviembre 2004 TEXTO D SL — HACEN CAMINO AL ANDAR PERO GANAN MUCHO MENOS

Criterio A:

Propósito comunicativo: Narración subjetiva

Mensaje: El alumno deberá mencionar algunos de los siguientes datos:

- ser ilegal y no hablar inglés es un desventaja
- salario mínimo de $5.50 frente a los $7 promedios/hasta el 20% menos por el mismo trabajo que el resto (cualquier referencia a un salario inferior a la media)
- trabaja en condiciones peligrosas
- sufre abusos o engaños
- no denuncia los abusos por temor a ser deportado
- pocas posibilidades de cambio de trabajo
- no valoran ni su experiencia ni habilidades

Cuidado:

- Los datos podrán aparecer expresados de otra manera, según la creatividad del alumno.
- Se aceptará la inclusión de otros detalles que contribuyan a que la respuesta sea más convincente.
- Tengan en cuenta que además de los datos pertinentes incluidos en la respuesta deberán considerar los restantes aspectos descritos en el criterio de evaluación para este componente.

Criterio B:

Se deberían incluir al menos 3 de estos datos para obtener un nivel 5.

Se deberían incluir al menos 4 de estos datos para obtener un nivel 9.

Registro informal y estilo subjetivo.

CALENTAMIENTO GLOBAL Y DESASTRES NATURALES

Objetivos	• Meditar sobre el cambio climático y sus consecuencias • Definir términos relacionados con el tema
Antes de leer	• Explorar conocimientos previos sobre el calentamiento global y cambio climático • Tratar de identificar y definir ciertos desastres naturales
Contenidos y Manejo de texto	• Responder preguntas • Identificar una palabra con su definición • Identificar significados a partir de respuesta múltiple • Encontrar palabras sinónimas • Completar oraciones a partir de tres opciones • Identificar ideas que aparecen en el texto a partir de una lista
Gramática y Gramática en contexto	• Consejos (Mandato directo – Imperativo/Mandato indirecto – Presente de subjuntivo)
Destrezas lingüísticas	• Receptivas: Comprensión de los textos del capítulo • Interactivas: desarrollar un tema a partir de un estímulo visual apoyándose en los titulares. Aplicaciones a las actividades orales interactivas a través de los enlaces • Productivas: Práctica escrita de las estructuras estudiadas
Vocabulario especializado	• Lenguaje sobre desastres naturales • Lenguaje relacionado con el medio ambiente (Ver consejos para el examen.)
Interculturalidad	• Problemas medioambientales y desastres naturales en las culturas de origen de los alumnos
Intertextualidad	• Enlaces pertinentes: Desastres naturales, lugares geográficos más afectados, desastres recientes
Teoría del conocimiento	• Entendimiento de la diversidad cultural • Influencia del medio ambiente en la cultura
Tarea	• (Uso del profesor)
Notas	• (Uso del profesor)

10.1 Calentamiento global

SB P136

- Se debe empezar el tema como siempre con una *lluvia de ideas* sobre los conocimientos que los alumnos tengan sobre este tema. Se deben *adivinar* cuáles son las problemáticas que puede traer el calentamiento global.

Contenidos

1 Emparejar elementos de las dos columnas:

El calentamiento global consiste en un aumento constante de la temperatura.	(d)
Las causas son provocadas principalmente por los humanos.	(f)
El dióxido de carbono en exceso produce gases con efecto invernadero.	(b)
Los gases invernadero giran calentando la atmósfera.	(g)
La temperatura del aire aumenta al no producirse una reacción.	(a)

Manejo de texto

1 Respuestas a *"una proyección en el tiempo"*:
   - Los dos peligros son los glaciares derretidos y la tala descontrolada.
   - Consecuencias: Inundaciones y desequilibrio ecológico; deforestación y sequía.

2 Identificar palabras con definiciones (1 – 5)
   1 Inundaciones
   2 Deforestación (tala descontrolada)
   3 Nocivas
   4 Cosechas
   5 Pastoreo

Gramática en contexto

Besándose en los consejos, cambiar el Imperativo formal por el mandato indirecto. El mandato indirecto se forma a partir del verbo SER en tercera persona seguido de un adjetivo (fácil/difícil/necesario/suficiente/mejor/posible/probable) más QUE y el presente de subjuntivo de la acción.

"Es necesario que recicles papel y compres productos de papel reciclado"
"Es importante que restrinjas al máximo el uso del agua"
"Es mejor que produzcas la menor cantidad de basura posible"
"Es fundamental que se eduque tanto a los adultos como a los niños"

Actividad oral interactiva

Basada en un estímulo visual que representa la Tierra derritiéndose como una bola de helado. Los alumnos deben trabajar en parejas y explicar como afecta el calentamiento global al planeta enfatizando en el aumento del nivel del mar y sus consecuencias.

Para hacerlo más interesante y entretenido deben basarse en el simbolismo que ofrece el estímulo visual al comparar la Tierra con una bola de helado y analizar el significado de ese "helado derretido" aplicado a la naturaleza.

Puede ampliarse la exposición hablando de otros problemas medioambientales que nos afectan.

La hora del planeta

SB P139

Esta organización ecologista presenta tres problemas relacionados con el cambio climático. Los alumnos deben concentrarse en la lectura de cada uno por separado.

Contenidos

1   Respuestas a "olas de calor":
 1   Olas de calor
 2   Dengue, encefalitis o paludismo. Son enfermedades infecciosas normalmente trasmitidas por la picadura de un insecto.
 3   Con el condicional "podrían" (aumentar las muertes)

2   Sinónimos basados en "aves migratorias":
 1   Se suma
 2   Hábitat
 3   Sequías
 4   Inundaciones
 5   Árida
 6   Menor vulnerabilidad

3   Elegir opciones en respuesta múltiple para "el nivel del mar"
 1   "Ninguna ingeniería…" No se encontrará ninguna solución (b)
 2   "No existe solución…" Lo que nos espera en el futuro (a)

10.2 Desastres naturales

SB P143

El texto que viene a continuación es visual y descriptivo. Invite a los alumnos a que identifiquen de qué desastre trata la descripción mirando la fotografía que la acompaña.

Tras la lectura, los alumnos deben hacer un resumen de cada descripción: esto los ayudará a identificar las definiciones con el desastre que describen.

Contenidos

1   Respuestas a las preguntas (a–c):
 • Se denomina desastre cuando los fenómenos naturales superan el límite de normalidad
 • Las pérdidas humanas y materiales
 • La contaminación, la explotación de recursos, la construcción de viviendas

A continuación aparecen todas las descripciones y fotografías. (Tipos de desastres naturales)

Manejo de texto

1   Resultado de emparejar la definición con su resumen (a–i):

- Erupción volcánica
- Inundaciones
- Corrimiento de tierra
- Huracán
- Terremotos
- Avalancha
- Sequía
- Hambruna
- Incendios forestales

Con toda la información obtenida a partir de la lectura de los textos y otras fuentes que hayan utilizado, invite a los alumnos a realizar por escrito sus conclusiones basadas en los diferentes tipos de texto que se ofrecen en la lista.

Trabaje con ellos como deben elaborar la opción elegida, que elementos deben incluir en el desarrollo del texto de su elección y como presentar la información de forma coherente para cada tipo de texto. Finalmente pueden intercambiar la información de forma oral presentando sus textos y explicando las razones de su elección.

Actividades intertextuales

1   Tipos de textos posibles:

- Descripción del desastre (artículo).
- Testimonios de las victimas afectadas (entrevistas).
- Estadísticas de los daños producidos por la catástrofe.
- Informe científico sobre las causas del desastre.
- Campañas de prevención/Campañas de socorro a las víctimas.

A partir de la información adquirida tras la lectura de estos textos sobre desastres naturales, los alumnos deben ampliar su conocimiento buscando información relacionada con el tema. Se ofrecen tipos de textos que pueden resultarles útiles para lograr este objetivo.

Actividades orales interactivas

Siguiendo las instrucciones ofrecidas para usar los enlaces, pida a los alumnos que elijan, en parejas o grupos pequeños, uno de los desastres y se documenten en detalle sobre él antes de presentarlo a la clase.

Anime a los alumnos a que hagan preguntas a los presentadores con el fin de crear una interacción vivaz y dinámica.

Texto 10.2.2: Desastres naturales recientes

SB P150

Para empezar se puede preguntar a los alumnos qué desastres recientes recuerdan y en qué consistieron.

1   Terremoto de Haití, completar las oraciones (1–4):

1. (b)   2. (b)   3. (a)   4. (c)

2   Terremoto de Chile, ideas que aparecen en el texto:

1, 2, 6

Actividad oral interactiva

Para esta presentación, explique a los alumnos que deben buscar información sobre estos desastres y deben comprender las diferentes consecuencias que suelen venir tras ellos. Indíqueles que deben buscar fotografías para ayudarlos a la comprensión del desastre y sus consecuencias.

Si en su país ha habido alguno de estos desastres deben incluir esta información en su presentación.

Actividades intertextuales

Guíe a los alumnos para encontrar la información sugerida en las instrucciones de la actividad en el libro de texto.

Duración del capítulo

Depende del número de horas semanales. Pero como media se aconseja un periodo de 4 a 5 semanas por capítulo dedicando de dos a tres lecciones por texto dependiendo de los niveles de dificultad. Todas los textos y actividades resultan adecuados para ambos niveles.

Evaluación

Completar las actividades y las muestras de exámenes anteriores. Asegurarse de que se han cumplido los objetivos del capítulo y comprobarlo con evidencias.

Capítulo 10 – Respuestas a las prácticas para el examen

Mayo 2009 TEXTO B SL — AYUDA PARA PERSONAS PERJUDICADAS POR EL TERREMOTO EN EL SUR

1   E, F, H (*en cualquier orden*)

2.1   E

2.2   B

2.3   C

3.1   necesitan de nuestro apoyo (inmediato)

  Se acepta: "necesitan ayuda"

  3.2 (bidones) de agua

  3.3 (Al teléfono) de la federación/(al celular de) la señorita Marina/056216808/97667666

  Es correcto "en la federación"

4   B

TEMAS TRONCALES: ASUNTOS GLOBALES

SOSTENIBILIDAD Y ENERGÍAS RENOVABLES

Objetivos	• Entender el concepto de sostenibilidad • Considerar el uso de energías renovables • Léxico relacionado con el tema • Reflexionar sobre el futuro y sus distintos usos
Antes de leer	• Explorar los conceptos de sostenibilidad y energías renovables • Conocimiento previo sobre los usos de energías alternativas
Contenidos y Manejo de texto	• Responder a preguntas con información de los textos • Buscar en el texto palabras sinónimas • Emparejar palabras con sus definiciones • Decidir si los enunciados son verdaderos o falsos • Emparejar elementos de dos columnas para formar oraciones
Gramática y Gramática en contexto	• Futuro imperfecto y condicional simple en expresiones de certeza o probabilidad
Destrezas lingüísticas	• Receptivas: comprensión de los textos del capítulo • Interactivas: defender la postura elegida en cuanto al uso de energías renovables; soluciones a los problemas medioambientales • Productivas: práctica escrita de folletos para las aplicaciones de la energía y el futuro de las energías renovables
Vocabulario especializado	• Relacionado con la sostenibilidad y las energías alternativas o renovables
Interculturalidad	• Explicación sobre las energías alternativas usadas en sus países de origen
Intertextualidad	• Enlaces pertinentes: inventos para usos de energías renovables
Teoría del conocimiento	• Analizar la importancia de este tipo de energías • Influencia de estos usos en la forma de pensar y actuar
Tarea	• (Uso del profesor)
Notas	• (Uso del profesor)

Texto 11.1.1: La sostenibilidad

SB P156

- Antes de la lectura conviene que empiece con las ideas de los alumnos sobre este concepto. ¿Qué entienden ellos sobre la sostenibilidad y sus aplicaciones?

Respuestas

Contenidos

1

a Sistemas que se mantienen diversos y productivos con el paso del tiempo

b Mantener el equilibrio de una especie con sus recursos

c Madera, agua, suelo fértil, pesca

d Uso por debajo de los límites para que haya recursos disponibles: explotación sostenible o sustentable

Texto 11.1.2: Aplicaciones bioferias: ejemplos de sostenibilidad

SB P156

- Antes de leer el texto, pregunte a los alumnos sobre estos acontecimientos e investiguen juntos los beneficios que pueden brindar para hacer los productos más sostenibles.

Respuestas

Manejo de texto

1

a biodiversidad

b amplia gama

c se congregan

d vitrina (comercial)

e innovadores

f emprendedores

g poder de convocatoria

2

a 2

b 1

c 4

d 5

e 3

3

a Contribuyen informando sobre los productos diferentes tanto a vendedores, productores y consumidores

b *El razonamiento de la respuesta variará.*

Texto 11.2.1: Las energías renovables

SB P158

- Discuta con los alumnos en qué consisten estas energías y como contribuyen al ahorro de otras energías clásicas que están desapareciendo o encareciéndose por la disminución de sus recursos.

Contenidos

Energía eólica

1

a Es una forma indirecta de energía solar

b Producida por el viento

c Por el dios del viento, Eolo

d Es limpia y barata

e Molino de energía reciclable, molino de eje vertical y molino de eje horizontal

f Fabricar palas reciclables para las turbinas, utilizar los vientos en diferentes direcciones, y la diversidad de aplicaciones

g No reemplaza a otras fuentes de energía

Texto 11.2.2: Inventos relacionados con la energía eólica

SB P160

- Aplique el uso de estos inventos en la vida cotidiana, invite a los alumnos a crear inventos que ayuden a ahorrar energía.

Respuestas

Manejo de texto

1

a Aerogenerador en el mar

b Turbinas de viento hogareñas

c Desalinizador

Texto 11.2.3: Energía solar

SB P161

- Conviene empezar la lectura hablando de las ventajas de este tipo de energía y tratando de encontrar razones por las que su uso no es tan popular. Esto puede dar pie a ver como será el *futuro* de esta energía.

Respuestas

Manejo de texto

1

a F *Puede satisfacer las necesidades si aprendemos a aprovecharla*

b V *Cinco mil millones es menos de la mitad*

c F *Privilegiada situación*

d F *Puede convertirse en formas útiles*

e V *Liberarnos de la dependencia del petróleo*

2

a 6

b 4

c 11

d 1

e 10

f 8

g 2

h 5

Actividad oral interactiva

• Preparación y presentación individual sobre la postura del alumno en cuanto al uso de las energías renovables.

• Puesta en común después de haber expuesto las opiniones de la clase.

Teoría del conocimiento

• Analizar cómo afectan estas energías en el momento que vivimos. Explorar la escasez de fuentes energéticas, precios competitivos, influencia en el medio ambiente.

• El comportamiento ecologista modifica el pensamiento, puede apoyarse con ejemplos o experiencias personales. El lenguaje puede verse afectado en su forma de expresar estos conceptos. Debe también analizarse y aportar ejemplos concretos.

Duración del capítulo

Depende del número de horas semanales. Pero como media se aconseja un periodo de 4 a 5 semanas por capítulo dedicando de dos a tres lecciones por texto, dependiendo de los niveles de dificultad. Todos los textos y actividades se ajustan a los dos niveles.

Evaluación

Completar las actividades y las muestras de exámenes anteriores. Asegurarse de que se han cumplido los objetivos del capítulo y comprobarlo con evidencias.

Capítulo 11 – Respuestas a las prácticas para el examen

Noviembre 2002 TEXTO A HL —¿ES USTED UN AUTÉNTICO ECOLOGISTA?

1   A

2   N

3   H

4   G

5   K

6   J

7   C

8   Por objeto

Se acepta: "por" a solas

9   Guarda

10   Imprescindible

11   Procura

12   Velocidad

13   B

14   E

15   C

TEMAS TRONCALES: ASUNTOS GLOBALES

LA GLOBALIZACIÓN Y LA ANTIGLOBALIZACIÓN

Objetivos	• Investigar sobre la globalización y la antiglobalización • Obtener información sobre los "zapatistas" • Considerar las repercusiones del Tratado de Libre Comercio de América del Norte • Dar opiniones a favor y en contra
Antes de leer	• Pedir a los alumnos que definan los conceptos de globalización y antiglobalización y que busquen información sobre los dos movimientos y las personas o grupos representativos • Buscar información sobre los zapatistas en México (1994). Comparar con las protestas en los países árabes y con el llamado movimiento 15–M en España (2010–2011)
Contenidos y Manejo de textos	• Demostrar comprensión de los textos y los conceptos que aparecen • Contestar preguntas de acuerdo con la información del texto • Buscar palabras o expresiones en los textos • Indicar si las respuestas son verdaderas o falsas y dar la justificación
Gramática y Gramática en contexto	• Dar opiniones a favor y en contra
Destrezas lingüísticas	• Receptivas: comprensión de los textos del capítulo • Interactivas: defender la postura elegida en cuanto a los beneficios o prejuicios de la globalización y hablar de los personajes relacionados con esas posturas • Productivas: práctica escrita de folletos, artículos e informes sobre la situación económica del mundo y la relación (de) o (con) los organismos internacionales de control
Vocabulario especializado	• Globalización, antiglobalización, repercusiones, extensión, sobrepasar, fronteras, mercado, variables, financiero, avance, apertura, divisas, flujos de capitales, enriquecer, empobrecer, arruinar, solvencia, reivindicación, impuesto, gravar, transacción, materias primas, reclamar, proteccionismo, ajuste, salvable, insalvable, condonación, deuda externa, sustituir, rondas, impedir, integración, cooperación, zampar, políticas de ajuste, icono, empapelar, corporaciones, condenar, gurú, anarco primitivismo, consumismo, activista, guerrilla, renegar, aglutinar, devorar, cachorros, ilustrado, ocupar, cultivo, crianza, rotunda, colectivo, liberalismo, neoliberalismo, precedentes, poderes fácticos, abismo, insertar, redes, demora, restricción, desmedro, vincularse, plataforma, resistencia, pautas, improvisar, cobertura, contundente, radical, desobediencia, marionetas, células, discrecionalmente, logística…

Interculturalidad	• Los alumnos reflexionarán sobre las diferentes oportunidades que la globalización produce, según los distintos países y grupos sociales y económicos
Intertextualidad	• Enlaces pertinentes a los contenidos
Teoría del conocimiento	• Discusiones sobre los movimientos opuestos: globalización y antiglobalización. Análisis de sus motivos y objetivos
Tarea	• (Uso del profesor)
Notas	• (Uso del profesor)

Instrucciones detalladas (sobre como enfocar cada texto)

- Se recomienda si es posible utilizar este capítulo en conjunto con la asignatura de Economía.
- Antes de leer, exhorte a sus alumnos a realizar una investigación sobre la situación económica internacional, y los organismos internacionales que controlan el mercado. Las relaciones entre los países ricos y pobres, la utilización de materias primas y su origen, etc.

Texto 12.1.1: Globalización

SB P168

- Preparar a los alumnos para el tema de estudio mirando en un mapa de México la zona que alberga a los llamados *zapatistas*. Buscar información sobre Zapata y su importancia en la Revolución Mexicana de 1910.
- Preguntar a los alumnos sobre la situación en los países árabes en el año 2010 – 2011.

Ideas o sugerencias para sacarle partido a cada actividad o ejercicio

- Debe iniciarse la lección con la lectura completa del texto.
- Los alumnos harán una reflexión sobre las ideas más relevantes del texto.
- Se puede elaborar una lista con todas estas ideas. Los alumnos deben elaborar un listado con las palabras nuevas.

Respuestas

Contenidos

- Los alumnos deben utilizar sus propias palabras para explicar las dos formas de analizar la globalización y sus características: una de carácter financiero y otra a nivel de transacciones de bienes y servicios.

Datos interesantes

- Los alumnos pueden buscar información sobre la formación y los cambios de la Unión Europea y su significado para Europa y el mundo.

Respuestas

Contenidos

1

a La función del FMI es diseñar políticas económicas y programas de ajuste en caso de desequilibrios macroeconómicos en alguno de los países miembros (183)

b Ha renegociado la deuda de algunos países

c No, los países pobres son meros convidados de piedra. Los países ricos protegen sus mercancías e impiden un desarrollo efectivo del comercio mundial

d La UE se unió por su necesidad de cohesionarse y jugar en igualdad de condiciones con los gigantes económicos mundiales

e La condición son políticas de ajuste

f Con el *"Che"* Guevara, argentino revolucionario que participó en la Revolución cubana

g Utilizaron su página web para denunciar las injusticias del modelo económico que condena a los indígenas a la pobreza

h En su años mozos (de joven), cuando era estudiante universitario en los años sesenta

i Porque el Internet es el medio por el cual los seguidores de la antiglobalización se mantienen en contacto

j Es agricultor: cultiva la tierra, cría animales y organiza diversas protestas

k *Informe Lugano*

Protagonistas

Contenidos

• Se recomienda utilizar el Diccionario de la Real Academia Española, buscando siempre la palabra en singular. (Existe una versión en línea. Para palabras no españolas puede utilizarse Wikipedia en español.)

1

a 1. adj. Propio del anarquismo o de la anarquía; 2. com. Persona que profesa el anarquismo, o desea o promueve la anarquía (ausencia de poder público)

b Se utiliza para designar a los criminales informáticos

c Los hijos o nietos de los *hippies,* o seguidores de sus creencias

d 1. adj. Que propugna la necesidad de proteger la naturaleza; 2. com. Persona que es partidaria de la defensa ecológica.

e (de *homo-* y *sexual*) 1. adj. Dicho de una persona: con tendencia a la homosexualidad. U. t. c. s.; 2. adj. Explique a sus alumnos el significado de las siglas en el diccionario. Dicho de una relación erótica: que tiene lugar entre individuos del mismo sexo; 3. adj. Perteneciente o relativo a la homosexualidad

¿Cómo surge?

Zapatistas y el TLC

• Pida a los alumnos que busquen información sobre el Tratado de Libre Comercio de América del Norte y la protesta que el EZLN (zapatistas) hizo en su contra. Pídales también que escuchen y analicen la canción de Manu Chao que proponemos (y otras) y que lo relacionen con la Antiglobalización.

• Organice un debate sobre el Fondo Monetario Internacional, el Banco Mundial, las compañías multinacionales, los zapatistas, el TLC, en el que los alumnos realicen una especie de *role play*, con argumentos a favor y en contra.

Respuestas

Contenidos

- Los alumnos deben contestar con sus propias palabras, pero pueden también copiar palabras de los textos.

1

a La Globalización es la tendencia de abrir los mercados internacionales y facilitar el movimiento de dinero utilizando las ventajas de la tecnología. Supone un intercambio de productos y servicio a nivel internacional.

b Es la tendencia opuesta a la globalización. Se oponen al control ejercido por grandes organismos financieros y políticos sobre las sociedades y las instituciones.

c No son homogéneos. El MRG aglutina a multitud de grupos; todos estos colectivos se caracterizan por su diversidad.

d Les une su rechazo al capitalismo y al modelo económico del neoliberalismo.

e Empezó a gestarse en 1993.

f Su primera actuación fue el levantamiento de los zapatistas en 1994.

g La primera vez que supuso un reto fue en 1999, en Seattle, Washington, en los Estados Unidos.

h Las manifestaciones se producen cuando se reúnen los representantes de los grandes grupos financieros o de los países más poderosos de la tierra.

i Luchan para lograr una sociedad más justa y un reparto equitativo de la riqueza, potenciar la democratización y el pluralismo de las instituciones y limitar el poder de las multinacionales y los grandes grupos financieros.

j El FMI, la OMC, el BM, y transnacionales (como Adidas, Nike, McDonalds, etc.), y los poderes fácticos.

k Las acusan de enriquecerse explotando a menores y de convertir a los países pobres en más pobres y a los más ricos en más ricos.

l Para que la deuda externa de los países pobres sea perdonada, por la defensa de los derechos fundamentales de las minorías y las poblaciones más desfavorecidas, y por la protección del medio ambiente.

m La finalidad es demostrar su oposición al sistema económico mundial y exigir un cambio, para crear una sociedad más justa.

Texto 12.3.1: Posturas a favor y en contra

SB P174

Respuestas

Manejo de texto

1

a V Según sus promotores, todos salen ganando.

b V La onda expansiva de los efectos de cualquier crisis financiera internacional es más amplia y puede perjudicar a más gente.

c V Hay una mayor difusión de aspectos culturales entre varios países.

d V Crea una tendencia hacia la homogeneidad: se teme que las culturas locales vayan progresivamente desapareciendo y perdiendo su identidad se va hacia una unidad cultural hegemónica de predominio de Occidente en desmedro de una cultura global basada en la diversidad.

Actividad oral interactiva

- Explique a los alumnos la utilidad de elaborar listados con las ventajas y las desventajas de la globalización y su postura contraria. Después deben presentar sus conclusiones oralmente y discutir con el grupo sus hallazgos. Cree las condiciones adecuadas para un debate entre ellos a nivel individual y luego a nivel grupal.

Texto 12.3.2: Como funciona el movimiento antiglobalización

SB P175

Respuestas

Manejo de texto

1

a numerosas

b se vinculan

c rechazo

d sumarse

e identificado

2

a 3

b 2

- **Eduardo Galeano**

Escritor uruguayo. Recomendamos ver y escuchar el video de Eduardo Galeano y discutir la metáfora del cocinero. Después pida a los alumnos que escriban algo similar a favor o en contra de la globalización. Es también altamente recomendable leer sus libros para entender diversos aspectos de Latinoamérica.

- **Fotos**

Los alumnos pueden acceder a una serie de páginas con fotos sobre las actuaciones de los movimientos antiglobalización. Pueden ser usadas como Actividad Oral Interactiva y describirlas y explicar sus objetivos y motivos.

Actividad oral interactiva

- Después de haber leído los textos y buscado la información necesaria, pida a los alumnos que hagan una presentación oral refiriéndose a sus países de origen, tomando en cuenta la influencia de la globalización y la crisis financiera, etc.

Interculturalidad

- Genere una discusión abierta y respetuosa sobre las ideas vertidas en las AOIs sobre las influencias positivas y negativas de la globalización en cada uno de los países representados.

- Pueden añadir otros países en la discusión (cada estudiante puede elegir un país diferente y representarlo).

- **Expresiones que necesitan una explicación**

Explique a los alumnos el significado de las expresiones que aparecen en el capítulo, como:

Convidados de piedra	(quien no interviene en una reunión a la que ha sido invitado)
Llevar a la práctica	(llevar a cabo algo)
La unión hace la fuerza	(la importancia de trabajar en equipo, junto con otros)
Amenazan con zampársela	(amenazar con "comérsela", destruir algo, hacerlo desaparecer)
Lectura de cabecera	(lectura que se tiene en la "cabecera" de la cama, para leer frecuentemente)
Profundo calado	(que penetra hondo)
Echar un pulso (a los poderosos)	(competir)
Salir ganando	(vencer)
Onda expansiva	(el grado de influencia)

Teoría del conocimiento

- Analice con los alumnos las ventajas y desventajas de la globalización y lo que supone para distintos países. ¿Lo que es bueno para unos, es bueno para todos?

Duración del capítulo

Depende del número de horas semanales. Pero como media se aconseja un periodo de 4 a 5 semanas por capítulo dedicando de dos a tres lecciones por texto, dependiendo de los niveles de dificultad.

Evaluación

Completar las actividades y las muestras de exámenes anteriores. Asegurarse de que se han cumplido los objetivos del capítulo y comprobarlo con evidencias.

Capítulo 12 – Respuestas a las prácticas para el examen

Mayo 2006 TEXTO B SL — LOS UROS: UN PUEBLO QUE FLOTA SOBRE LAS AGUAS

1 B

2 el anciano de mayor edad

   No se acepta: máxima autoridad

3 (que) la tradición (tenía que cumplirse)/(a) sus padres/la supervivencia del pueblo uro

4 isla (flotante)/totora (un vegetal esencial en la vida de los uros)

5 hacia el lado mejor protegido del viento/(mejor) protegido del viento

6 una (sola) habitación/en cuatro metros de largo y dos de ancho

7 (a) edificar (su casa)

   (b) alimentar (a su familia)/comer

   (c) construir (su balsa)

   (en cualquier orden) [3 puntos]

8 (a) cazar (aves)

   (b) pesca/pescar

   (en cualquier orden) [2 puntos]

9 (los tiempos modernos reclaman una posibilidad de) comunicación más abierta/el aimara es su lengua materna

10 45 minutos

11 (a) el comercio (de artesanías)/las artesanías

   (b) (los museos (naturales) donde) explican (a los turistas) su modo de vida/los museos naturales

   (en cualquier orden) [2 puntos]

12 diosa/(la diosa) "mama Qota" (espíritu del agua)/espíritu del agua

13 (les asegura todo lo que necesitan para) la supervivencia/todo lo que necesitan

   No se acepta: para conservar su modo de vida

14 (porque ellos consideran que) son los dueños (de ese espacio)

15 B

DIVERSIDAD CULTURAL Y SUBCULTURAS

Objetivos	• Analizar las diferentes formas de la diversidad cultural • Describir el aspecto físico • Describir emociones, creencias y actitudes • Describir imágenes/situaciones a través de estímulos visuales • Obtener información para producir un folleto • Reflexionar sobre la importancia de la diversidad cultural
Contenidos y Manejo de texto	• Encontrar información específica en los textos • Organizar una mesa redonda sobre el contenido de los textos • Utilizar la experiencia de cada uno de los alumnos sobre la integración, asimilación, etc. • Cuestionar la afiliación consciente o inconsciente a una tribu urbana • Realizar una mesa redonda y analizar las distintas tribus urbanas
Destrezas productivas: descripción de estímulos visuales	• Descripción de las imágenes representadas en las fotografías y en los enlaces • Análisis de lo que representa cada tribu • Relación con otros temas del programa • Dar opiniones sobre las imágenes utilizadas
Destrezas productivas: desarrollo de tarea y mensaje en diferentes formatos	• Folleto con información sobre al menos cinco tribus urbanas de elección personal • Realizar un folleto en forma de *Power Point* o *I-movie* • Escribir un ensayo teniendo en cuenta los textos leídos y expresando una opinión personal • Elaborar un folleto sobre la situación de los derechos de los indígenas latinoamericanos (u otras minorías en otros países)
Vocabulario especializado	• Diversidad, cultura, subcultura, tribu, exclusión, dominación, xenofobia, rechazo, foráneo, segregación, etnocidio, genocidio, holocausto, limpieza étnica, asimilacionismo, integración, occidentalización, americanización, anglicización, homogeneidad, heterogeneidad, unilateral, incorporarse, autóctono, acoger, pluralismo, minoritario, potencialidades, asentarse, disfrute, marcadamente, trastocar, etnocultural, sintetizarse, fáctico, normativa, reforzamiento, asunción, multiétnica, convergencias, paulatina, bruscamente, indumentaria, hedonistas, flagrante, adherirse, inamovible, caótico, atuendo, susceptibles, adscripción, insulto, abreviatura, peyorativamente, pose, calaveras…
Interculturalidad	• Significado de la integración, asimilación o segregación de los distintos grupos étnicos en los países representados por los alumnos o cualquier otro país de interés • Reconsiderar el significado del llamado "Día de la Raza" en países latinoamericanos, y el hecho de que se celebre el 12 de octubre (tradicionalmente día de la Conmemoración del Descubrimiento de América por Cristóbal Colón)
Tarea	• (Uso del professor)
Notas	• (Uso del professor)

Texto 13.1.1: Distintas formas de abordar la diversidad cultural

SB P182

- Lea el texto con los alumnos y llame su atención a las diferentes opciones a la hora de abordar la diversidad cultural. Pida a cada uno de ellos que describa la situación que mejor se ajusta a su experiencia, tanto personal como en relación a terceros (familiares o amigos).

- Organice grupos en los que discutan sobre esas opciones y sus ventajas y desventajas. Solicite a cada grupo que proponga una solución para la situación de extranjeros en países de acogida, tanto legales como ilegales.

- Busque información sobre la situación de los extranjeros, legales e ilegales, en el país en el que la escuela o colegio se localiza. Puede pedir a los alumnos que analicen dicha situación y que propongan lo que podría ser una mejor solución.

- Insista en la importancia del término *Interculturalidad* y sus posibles interpretaciones. Recuerde a los alumnos que uno de los conceptos distintivos del nuevo programa del IB para la asignatura de lenguas es precisamente el de Interculturalidad.

- Pídales que definan con sus propias palabras cada uno de los términos que aparecen en el capítulo, por escrito y oralmente.

Texto 13.2.1: Subculturas y tipos de subculturas

SB P185

- Discuta con los alumnos el concepto de subcultura. Cuestione la importancia de pertenecer a un grupo, y sus ventajas y desventajas. ¿Por qué los jóvenes normalmente se asocian a un determinado grupo y son capaces de admitir y replicar una serie de actitudes, incluso agresivas, como una necesidad y como parte de un proceso de aceptación por ese grupo? ¿Por qué en algunos casos los ritos de iniciación son respetados y valorados aunque suponga cometer acciones violentas?

- Analice la importancia de algunas subculturas, y como han llegado a sobrevivir por varias décadas. Cuestione las razones que hacen que unos grupos persistan y otros desaparezcan.

- Reflexione con los alumnos sobre su posibles filiaciones a un grupo u otro.

Texto 13.2.2: Tribus urbanas

SB P186

- Utilice los enlaces sugeridos para acceder a imágenes de jóvenes pertenecientes a distintos grupos de las llamadas tribus urbanas y observar sus características.. Pida a sus alumnos que describan cada imagen usando su apariencia física, las palabras que aparecen en las imágenes, y el mensaje que cada grupo refleja o intenta reflejar con su indumentaria y adornos.

- Sugiera que busquen más información sobre tribus urbanas en países latinoamericanos, en España, y en sus propios países, y/o en aquellos que sean de su interés. Analice la música, las canciones, las letras, y el tipo de baile que algunos de ellos utilizan como seña de identidad. Cada estudiante puede elegir un grupo y realizar una presentación oral sobre el mismo. Si lo prefieren puede hacerlo de manera grupal.

- En grupos, pida que analicen cada una de esas tribus urbanas y su posible influencia en la sociedad, a nivel nacional, internacional, y a través de los tiempos.

- Utilice todas las imágenes posibles para practicar la descripción y establecer la relación de éstas con los distintos temas tratados opcionalmente.

Texto 13.3.1: Día de la diversidad cultural: 12 de octubre

SB P189

Respuestas

Contenidos

1

a El día de la llegada de Colón a América (1492) y el Día de la Raza. Actualmente también se celebra el Día de la Diversidad Cultural Americana.

b Para promover la reflexión histórica y el diálogo intercultural acerca de los derechos de los pueblos originarios o nativos.

2

Día de la Raza	Día de la Diversidad Cultural
Contacto entre *Europa y América*	*Reflexión sobre la historia*
Se celebra la llegada de Colón a América, que supone un encuentro entre dos mundos, lo que produjo una enorme transformación que modificó la economía y la demografía	Sirve de reflexión sobre la historia y un posible diálogo para una diversidad cultural; la promoción de los derechos humanos de los indígenas y su derecho a una educación bilingüe e intercultural

3 Porque supone un insulto, es ofensivo y discriminatorio

4 Significa la aceptación y el respeto a la diversidad cultural, lo que es un reconocimiento histórico para los pueblos originarios

5 Igualdad, respeto a la identidad y el derecho a una educación bilingüe e intercultural

6 El respeto por los indígenas y su cultura así como el fin de la discriminación y su condición de igualdad con respecto a los demás ciudadanos

Actividades orales individuales

Descripción de fotografías

- Describir todo lo que aparece en las fotografías, personas, colores, vestimenta, adornos, etc. Relacionar las fotografías con el tema de la diversidad cultural y otros de los temas tratados en el programa de su elección. Dar una explicación sobre cada pie de foto y sugerir otros que pudieran ser igualmente efectivos.

- Los alumnos deben reflexionar sobre el uso de los colores y las manos para representar el significado de la diversidad cultural y luego hacer una presentación oral sobre sus conclusiones. Deben prestar atención a cada niño de la foto y describirlo detalladamente. Pueden buscar otras fotos con la misma intención.

- Pida a los alumnos que elijan un aspecto particular de algún país en donde se hable español, y lo expliquen al resto del grupo. Deben mostrar fotos, escribir un pie de foto que sirva de explicación a la imagen y que a su vez cree controversia.

Actividades orales interactivas

- Enseñe diversos dibujos o representaciones sobre la interpretación de la diversidad cultural y pídales que elijan uno que para ellos sea el más acertado.

- Proponga a sus alumnos realizar una encuesta en el colegio a algunos de los alumnos y profesores extranjeros, sobre sus dificultades o facilidades a la hora de instalarse como residentes en el país donde el colegio está ubicado o en otros países. Después pídales analizar las respuestas y explicar y compartir las distintas experiencias con el resto del grupo.

- Organice una serie de presentaciones relacionadas con las tribus urbanas. Los alumnos, individualmente o en grupos, deben elegir una tribu, y presentar sus características. La presentación debe incluir una opinión personal sobre esos grupos.

- Sería interesante para su grupo realizar una investigación sobre distintos países receptores de inmigrantes, analizando sus formas de inclusión o exclusión para éstos, y el éxito o fracaso de dichas formas. Las conclusiones pueden ser presentadas de forma oral, con el apoyo de imágenes representativas y pies de foto bien elegidas.

- Dedique al menos una sesión para la búsqueda de información y discusión sobre la importancia de las celebraciones relacionadas con el 12 de octubre. En España se celebra el "Día del Pilar" y se relaciona con el "Descubrimiento de América"; en varios países latinoamericanos el "Día de la Raza", o "Día de la Hispanidad", y en la actualidad tenemos la propuesta que presenta el texto argentino de celebrar el "Día de la Diversidad Cultural Americana".

- Divida a los alumnos en grupos y pida a cada grupo que reflexione sobre la importancia de utilizar uno u otro término para esa celebración. Después deben explicarlo al resto del grupo.

Teoría del conocimiento

- Considerar la aportación de las distintas tribus urbanas a la sociedad, a lo largo de la historia.
- Reflexionar sobre la celebración del "12 de octubre" y sus implicaciones. Así como otra celebración semejante en otras culturas y países.
- Reflexionar sobre los sistemas de inclusión: asimilación, integración, pluralismo, multiculturalismo, etc. Los alumnos deben decidir la postura ideal para un país concreto, o diversos países en general.

Duración del capítulo

Depende del número de horas semanales. Pero como media se aconseja un periodo de 4 a 5 semanas por capítulo dedicando de dos a tres lecciones por texto, dependiendo de los niveles de dificultad.

Evaluación

Completar las actividades y las muestras de exámenes anteriores. Asegurarse de que se han cumplido los objetivos del capítulo y comprobarlo con evidencias.

Capítulo 13 – Respuestas a las prácticas para el examen
TEXTO A Mayo 2007 HL — EL SILBO GOMERO

1 V con los mismos detalles (que un lenguaje hablado)
   No se acepta: permiten comunicar cualquier idea que se le ocurra al hablante

2 F no es exclusivo (de los habitantes de la Isla de la Gomera) / (Se puede encontrar) en varias zonas del mundo

3 F zonas montañosas

4 V un mensaje hablado (se puede oír) (como mucho) a unos doscientos metros, (mientras que) los silbadores (se pueden entender) a ocho kilómetros (de distancia)
   Se acepta: un mensaje hablado (se puede oír) como mucho a unos doscientos metros, sólo si incluyen como mucho
   Se acepta: (los silbadores se pueden entender) a ocho kilómetros (de distancia)
   Se acepta: desde lejos los silbadores (se pueden entender) a ocho kilómetros (de distancia)

5 F una forma de español / suelen ser adaptaciones de lenguajes hablados

6 V (al canto de) un pájaro

7 F (En cambio,) (sólo tiene) cuatro consonantes
   No se acepta: (pueden ser expresadas las) cinco vocales

8 (a) desaparición del pastoreo [1 punto]
   (b) la emigración [1 punto]
   (c) (el desarrollo de) los medios modernos de comunicación [1 punto]
   (*en cualquier orden*)

TEMAS OPCIONALES: DIVERSIDAD CULTURAL

CREENCIAS Y TRADICIONES: EL LAGO ATITLÁN

Objetivos	• Conocer y comparar las creencias de distintas culturas • Reflexionar sobre las tradiciones y su transmisión oral • Analizar la influencia del paisaje y la geografía en algunas tradiciones • Considerar la importancia de leyendas y mitos
Contenidos y Manejo de texto	• Leer y comparar los textos • Analizar las variantes sobre un mismo tema • Identificar las influencias externas en las tradiciones orales • Reflexionar sobre los cambios en la tradición oral y el significado • Relacionar tradiciones y leyendas latinoamericanas con la geografía y la historia • Considerar la importancia de la tradición oral
Destrezas productivas: descripción de estímulos visuales	• Descripción de las imágenes representadas en las fotografías • Análisis de lo que representa en el marco del contenido • Unión con otros temas/aspectos cubiertos en los Opcionales
Destrezas productivas: desarrollo de tarea y mensaje en diferentes formatos	• Producción de un diario describiendo un viaje imaginario a algún lugar histórico en Latinoamérica • Producción de un *I-movie* con fotografías y explicaciones de cada lugar • Producción de una bitácora de viaje y el descubrimiento de una civilización prehispánica
Vocabulario especializado	• Tradiciones, leyendas, cuentos, indígenas y mestizos, charco, fatiga, cerro, ponerse a…
Interculturalidad	• Comparación de tradiciones • Significado e importancia de la tradición oral • Influencia de la geografía y la historia en la cultura
Tarea	• (Uso del profesor)
Notas	• (Uso del profesor)

- Antes de leer los textos del capítulo recomiende a los alumnos que busquen información sobre Guatemala y el Lago Atitlán. Comparta con ellos fotos del país y de la zona del lago, e invíteles a describir las fotografías en grupo.
- Distribuya la búsqueda de información sobre Guatemala entre los alumnos y después realice una discusión en grupo sobre las características geográficas, lingüísticas, históricas y sobre la indumentaria y su colorido.

Actividad oral individual

- Divida al grupo de acuerdo con la investigación realizada, y organice una serie de presentaciones individuales, insistiendo en la importancia de llevar a cabo descripciones. Los alumnos deben tomar en cuenta los lemas incluidos en cada fotografía y relacionarlo con el tema, o los temas a desarrollar.

- Utilice las fotos del capítulo para las primeras presentaciones individuales.

Foto: Mujeres descansando, ¿exceso o falta de trabajo?

- Descripción de la fotografía, las mujeres, su indumentaria, los niños envueltos en el rebozo, el color de la ropa y la expresión de las caras.

- Reflexionar sobre el pie de foto. Estas mujeres, ¿tendrán acceso al mercado laboral? Si la respuesta es afirmativa, ¿qué tipo de condiciones laborales pueden tener? Si es negativa, ¿qué hacen durante todo el día? ¿Cuántos hijos pueden tener? ¿Qué tipo de trabajo casero realizarán? ¿Tienen lavadoras, aspiradoras, etc.?

- El alumno dará su opinión personal sobre la situación de los indígenas en Guatemala, y en particular sobre las mujeres. Pueden añadir información sobre el resto de los países latinoamericanos si les resulta interesante.

Foto: Volcanes y lagos: ¿paraísos para los nativos?

- Descripción de la fotografía. Comparar este paisaje guatemalteco con otros paisajes: europeos por ejemplo. ¿Cuáles son las primeras impresiones que surgen al ver estas fotos? ¿Bienestar y comodidad? ¿Puede ser lo mismo en Guatemala para todos los habitantes?

- El alumno expresará su opinión personal sobre la fotografía y las condiciones de vida de los indígenas. Puede relacionar la imagen con las creencias de los pueblos del Lago Atitlán.

Foto: Mapas y geografía: siempre exactos.

- Descripción del mapa. Relación de este mapa con el resto de Latinoamérica. Situación del lago en el contexto latinoamericano.

- El alumno puede comentar sobre la exactitud de los mapas en general. ¿Puede un mapa manipular la extensión real de un país o zona geográfica? Puede utilizar ejemplos que justifiquen su opinión.

- Incluir la influencia que la geografía y el paisaje tienen en los habitantes.

Foto: Pedro de Alvarado: conquistador. Héroe para unos, ¿y para otros?

- Descripción de la fotografía. Características físicas del personaje. Vestimenta. Símbolos.

- El alumno puede centrarse en el papel de los conquistadores, y su importancia en la historia. Puede compararlo con otros conquistadores y colonizadores en distintas partes del mundo. Su significado para los países colonizadores y para los conolonizados.

Actividad oral interactiva

- Una vez conseguida la información sobre Guatemala, realice una serie de actividades interactivas con las fotos obtenidas como base y haciendo uso de toda la información posible.

- Utilice otra leyenda de las sugeridas al final del capítulo, u otra que sea de interés de los alumnos. Si hay estudiantes hispanohablantes en su colegio o escuela, invíteles a hacer una presentación sobre sus países y tradiciones más populares. Motive a sus estudiantes a hacer preguntas, anotar la información y a ampliarla después por sí mismos.

- Los alumnos deberían recopilar una serie de leyendas y creencias de los países latinoamericanos. Distribuya los países entre ellos de forma que al final del capítulo tengan una idea sobre las distintas creencias de esos países. También se puede incluir España en el listado, así como los países representados en el grupo o colegio para realizar una comparación intercultural.

Producción escrita

• Pida a los alumnos que elijan un país latinoamericano y escriban un diario sobre un viaje imaginario a ese país. Deben explicar el itinerario, los lugares donde se alojan, la comida, sus impresiones, características físicas (vestuario, adornos, rasgos distintivos, etc.) y de comportamiento de los lugareños.

• Anímeles a incluir detalles, a añadir información sobre pequeñas cosas y a describir todo lo que puedan o se les ocurra en el momento, partiendo siempre de la información obtenida, a través de su investigación, y de las fotos del lugar elegido. Eso les ayudará a realizar un trabajo excelente a la hora de llevar a cabo el examen escrito.

Texto 14.1.1: El Cerro de Oro

SB P198

Respuestas

Manejo de texto

1

a Unos ángeles

b Era un charco que se puso a crecer y a crecer…

2

a charco

b la punta

c pedazo

d fatiga

e al rato

f sembrado

Texto 14.1.2: El volcán Atitlán

SB P199

Respuestas

Manejo de texto

1 c

2

a Porque el que representa a una mujer era más alto y le pareció mal

b Con lo que le sobraba al cortar el volcán Atitlán

Texto 14.1.3: El Cerro de Oro y las cuatro mujeres

SB P200

- A partir de la lectura de este texto, pida a los alumnos que expliquen la situación que las mujeres viven en su país. Si hay una situación de igualdad entre sexos, o no. Pídales que den sus opiniones sobre el tema.

Respuestas

Manejo de texto

1

a   el nacimiento

b   cortaron

c   tapar

d   por tierra

2

a   el volcán

b   porque estaba sembrado y no pudieron levantarlo

Texto 14.1.4: Expedición de los suizos

SB P201

Respuestas

Manejo de texto

1

a   se afanaron

b   cuidadora

c   explorar

d   asustaron

e   trastos

2

d   encontraron una víbora que protegía el templo

Texto 14.1.5: El dueño del lago

SB P202

Respuestas

Manejo de texto

1

a Para buscar el oro que los indígenas tiraron al lago para no dárselo a los conquistadores

b Con la condición de que mandase tres cabezas

c Sí, el hombre mató a tres y mandó las cabezas al lago

Actividad intertextual

- Sugiera a los alumnos buscar información sobre Cristóbal Colón y distintos conquistadores, y realizar un Trabajo Escrito recopilando la información obtenida. Deben tratar de utilizar sus propias palabras.

Texto 14.1.6: El lago

SB P203

Respuestas

Manejo de texto

1 a y c

Interculturalidad

- Considerar la situación de la mujer en las tradiciones leídas, en Latinoamérica en general y en los países representados por los alumnos así como cualquier otro de interés.
- Recapacitar sobre lenguas prehispánicas en Latinoamérica y otras lenguas autóctonas en otros países.
- Recopilar distintas tradiciones orales o escritas de los países representados por sus alumnos, o de otros de interés para ellos.
- Comparar leyendas de varios países. Tomar nota de las semejanzas y las diferencias a la hora de realizar la comparación. ¿Hasta qué punto las leyendas, y las creencias en general, nos dan una idea del tipo de mentalidad que los nativos de un país tienen? ¿Pueden esas creencias conformar la mentalidad de los países?

Actividad intertextual

- Explique a los alumnos que deben crear su propio texto (versión) a partir de los leídos en el capítulo, con su propia interpretación de la formación del lago Atitlán, los volcanes y los cerros.
- Deben utilizar también la información encontrada en su investigación para escribir textos con sus propias palabras, y partiendo de las presentaciones individuales o interactivas.

Texto 14.2.1: La madre del maíz

SB P204

- Hemos elegido una leyenda de los huicholes (pueblo del norte de México; en los estados de Nayarit, Jalisco, Zacatecas y Durango) sobre el maíz. Léala y analícela con los alumnos; después invítelos a leer las leyendas de otros países. Hemos incluido algunas en los enlaces.

- Sugiérales que busquen otras y que reflexionen sobre las semejanzas o diferencias que estas tienen con las leyendas de su país de origen.

- Busque en un mapa de México la zona en donde se encuentras los estados en donde viven los huicholes y obtenga información sobre sus costumbres, tradiciones y cultura. Resultará muy interesante para los alumnos acceder a información sobre este grupo étnico.

- Haga lo mismo con otros grupos étnicos de México y otros países latinoamericanos.

Interculturalidad

- Las tradiciones orales y leyendas muchas veces se repiten en distintas culturas. Compruebe con sus alumnos si estas tradiciones guatemaltecas, la mexicana, o cualquier otra, tienen alguna semejanza con tradiciones que ellos conocen de sus países de origen o cualquier otro de su elección.

Teoría del conocimiento

- Analizar las tradiciones, orales y escritas y su influencia en la cultura y el lenguaje.

Duración del capítulo

Depende del número de horas semanales. Pero como media se aconseja un periodo de 4 a 5 semanas por capítulo dedicando de dos a tres lecciones por texto, dependiendo de los niveles de dificultad. Este capítulo está altamente recomendado para alumnos de Nivel Superior.

Evaluación

Completar las actividades y las muestras de exámenes anteriores. Asegurarse de que se han cumplido los objetivos del capítulo y comprobarlo con evidencias.

Capítulo 14 – Respuestas a las prácticas para el examen
Mayo 2010 TEXTO A HL — VER LA VIDA DE OTRO COLOR

1   (a) sacar colores de los árboles (b) crear los tejidos (de algodón) (c) tiñen (colorean) (con productos naturales) (esos tejidos) (*en cualquier orden*)

2   (para ellas) es fundamental respetar a la naturaleza y a sus antepasados

3   (a) detalles elaborados con un pincel (b) nuevos tintes naturales (en los tejidos) (en cualquier orden)

4   C, F, H (*en cualquier orden*)

5   la influencia de los hilados teñidos con elementos químicos (de moda en el siglo XX)

6   los trabajos agrícolas

7   Saben tejer

TEMAS OPCIONALES: COSTUMBRES Y TRADICIONES
FIESTAS Y CELEBRACIONES LAICAS Y RELIGIOSAS

Objetivos	• Aprender sobre las fiestas y celebraciones laicas y religiosas • Describir el significado de las fiestas mediante estímulos visuales • Comparar con las celebraciones en su propia cultura (entrada de diario)
Contenidos y Manejo de texto	• Completar tabla con el contenido principal • Decidir si los enunciados son verdaderos o falsos
Destrezas productivas: Descripción de estímulos visuales	• Descripción de la imagen representada en la fotografía • Análisis de lo que representa en el marco del contenido • Unión con otros temas/aspectos cubiertos en los Opcionales
Destrezas productivas: desarrollo de tarea y mensaje en diferentes formatos	• Página de diario describiendo actitud ante las celebraciones • Folletos informativos describiendo fiestas y celebraciones
Vocabulario especializado	• Fiestas: Objetos, lugares, vestuario, boina, pañuelo, encierro, mozos…
Interculturalidad	• Significado del solsticio de verano (y de invierno) en diferentes culturas • Investigar también el papel que los equinoccios de otoño y primavera tienen en los distintos países
Tarea	• (Uso del profesor)
Notas	• (Uso del profesor)

Texto 15.1.1: Fiestas Populares de España

SB P208

• Para empezar, consulte con sus alumnos en un calendario y explíqueles las diferentes estaciones del año y las regiones donde tienen lugar estas fiestas. Puede ampliar el conocimiento hablándoles de las tradiciones que las originan y cómo se han mantenido hasta nuestros días.

Actividades orales individuales

• A continuación ofrecemos unas guías para ayudar a los alumnos a desarrollar este tipo de actividades basadas exclusivamente en la descripción de un estímulo visual auténtico.

Su papel como profesor será asegurarse de que las pautas se siguen para la complexión de esta parte del programa.

Las Fallas de Valencia

• Descripción de la fotografía: la escultura en general y luego los detalles; el ambiente de fondo
• Contestar a los titulares después de conocer su significado: el alumno dará su opinión personal sobre si existe crítica social o se trata simplemente de una caricatura

- Analizar si la fiesta sigue conservando su trasfondo religioso
- Conversación sobre la interpretación de estas fiestas bajo el punto de vista religioso
- Conectar con otros temas opcionales: turismo de masas; diversidad cultural

Sanfermines de Pamplona

- Descripción real de la imagen presentada en la fotografía: multitud de personas, vestuario, comportamiento, actitud
- Explicación de los titulares: la marea roja y blanca, significado y simbolismo
- La fiesta se prolonga durante una semana, la ciudad no duerme: interpretación de esta conducta
- Análisis de las corridas de toros
- Conexión con otros temas opcionales: abuso del consumo de alcohol entre los jóvenes

Respuestas

Contenidos

1

Fiestas religiosas	Fiestas laicas
Semana Santa: conmemoración de la Pasión y Muerte de Jesucristo Romerías de mayo: asistir a un acto religioso en un santuario Fiestas populares en agosto: La Asunción de la Virgen Día del Pilar: patrona de España Las Navidades: nacimiento de Cristo	Los Carnavales: ingeniosas chirigotas y comparsas La noche de San Juan: rituales de la buena suerte (Aunque se celebran de una forma laica, también tienen su origen en la religión)

Producción escrita

- Página de diario: mirar *tipos de textos* para incluir todos los detalles en el formato
- Se sugiere hacer la entrada con los acontecimientos más importantes: los encierros, la procesión, las corridas de toros, el ambiente de la calle
- Escrito en primera persona con las reacciones personales y tono íntimo
- Lenguaje especializado de esta fiesta: la boina y el pañuelo, los encierros, los mozos, etc.

Texto 15.1.2: Las peregrinaciones: El Camino de Santiago

SB P211

- Miren juntos el mapa del Camino Francés y explique a los alumnos en qué consiste una peregrinación y su significado.
- Después de leer el texto compruebe con ellos que hayan comprendido los detalles y que usen este conocimiento para completar las actividades.

Respuestas

Manejo de texto

1

a V *La gente sencilla sigue las tradiciones con "sincera espontaneidad"*

b V *La afición "especialmente de los andaluces" para rituales festivo-religiosos*

c F *Ignorando las reglamentaciones de las instituciones eclesiásticas*

d V *Nacieron en los finales del primer milenio*

e F *Algo cuestionable históricamente*

f V *Estos lugares pasarán a ser los grandes focos de las peregrinaciones*

g F *Índole deportiva, cultural y ecológica*

Texto 15.2.1: Las Velas de Juchitán

SB P213

Pasamos a hablar de América Latina y aquí se hace patente la influencia precolombina. Conviene hablar de estas civilizaciones y como sus culturas y la de los conquistadores se fusionan.

Actividades orales individuales

Después de buscar la información necesaria sobre esta región de México:

- Describir las fotografías, primero de un modo general y luego en detalle
- Explicación de los titulares: el orgullo de identidad, de usar su propia lengua
- La sociedad matriarcal, la importancia de las mujeres en estas civilizaciones y como se trasmite la tradición
- Participación de homosexuales travestis que se ocupan de las tareas domésticas
- Conexión con otros temas opcionales: costumbres y tradiciones
- Trajes bordados: buscar fotos donde aparezcan este tipo de vestidos y asociarlos con Frida Kahlo; describir los trajes de las imágenes: colores, formas, artesanía

Fiesta de los Diablitos en Costa Rica

SB P215

Actividad oral individual

- Descripción detallada de las imágenes
- Explicar los trajes de madera y las máscaras de cartón
- Simbolismo del toro como representación de los españoles
- Influencia de la conquista en las fiestas tradicionales

Inti Raymi en Perú

Actividad oral individual

- Describir las imágenes
- Describir la importancia del culto al sol en las civilizaciones incaicas
- Estas descripciones dan pie a investigar sobre otras celebraciones donde sea evidente la fusión de culturas

Teoría del conocimiento

- Explorar si efectivamente las costumbres y tradiciones son meramente folclóricas o si hay otro tipo de trascendencia social y cultural, o incluso histórica.
- Analizar la adquisición de las tradiciones cuando se viaja a un país de cultura diferente a la nuestra.
- Explorar las diferentes maneras de viajar en relación al interés de conocer las tradiciones culturales.

Duración del capítulo

Depende del número de horas semanales. Pero como media se aconseja un periodo de 4 a 5 semanas por capítulo dedicando de dos a tres lecciones por texto, dependiendo de los niveles de dificultad.

Evaluación

Completar las actividades y las muestras de exámenes anteriores. Asegurarse de que se han cumplido los objetivos del capítulo y comprobarlo con evidencias.

Capítulo 15 – Respuestas a las prácticas para el examen
Noviembre 2008 TEXTO D HL — PROGRAMA MUNICINE PARA JÓVENES

Propósito comunicativo: Explicación objetiva. Escribir un informe.

A. Interacción cultural

Registro y estilo

Deberá aparecer:

- un informe, con la presentación apropiada para este tipo de escritos
- el registro podría ser mixto, es decir, por una parte podría tener un tono neutro debido a la objetividad propia de un informe, y por otra, un toque de informalidad puesto que va dirigido fundamentalmente a un público juvenil

B. Mensaje

El alumno deberá mencionar algunos de los siguientes datos en cualquier orden:

1 se realizarán actividades sobre los valores humanos

2 se proyectarán películas con contenidos de valores humanos

3 necesidad de recreación sana

4 los jóvenes no debe practicar el "esquineo"

5 conviene evitar cualquier forma de pandillaje

6 prevenir la violencia juvenil/conductas inadecuadas

7 necesidad de carpas

8 el cine será una distracción para los malos momentos

9 participación de profesionales especializados

TEMAS OPCIONALES: COSTUMBRES Y TRADICIONES

GASTRONOMÍA Y TRADICIONES CULINARIAS

Objetivos	• Aprender sobre la cultura gastronómica de los países de habla hispana • Dar instrucciones para preparar recetas de cocina • Aprender léxico especializado en la gastronomía • Escribir una crítica gastronómica • Crear carteles de promoción culinaria • Explicar el fenómeno de la cocina fusión mediante estímulos visuales
Contenidos y Manejo de texto	• Completar oraciones con información del texto • Identificar sinónimos • Responder preguntas sobre contenido de los textos • Justificar si una respuesta es verdadera o falsa
Destrezas productivas: Descripción de estímulos visuales	• Descripción de las imágenes representadas en las fotografías • Análisis de los ingredientes, recetas y formas de presentación • Unión con otros temas/aspectos cubiertos en los Opcionales
Destrezas productivas: desarrollo de tarea y mensaje en diferentes formatos	• Realizar un recetario con distintas recetas latinoamericanas, y españolas • Realizar un video con instrucciones sobre como cocinar un platillo tradicional de algún país • Crear un *I-movie* con imágenes y explicaciones sobre un platillo elegido • Elaborar un cuaderno de instrucciones • Escribir críticas gastronómicas
Vocabulario especializado	• Ingredientes, poner, quitar, sacar, cortar, mezclar, revolver, añadir, desmoronar, espolvorear, hornear, guisar, freír, cortar, rallar, picar, colocar, servir, batir, untar, introducir, echar, decorar, pizca, licuar, gotas, granos, trozos, sobremesa, embutidos, cruda, esponjosa, longaniza, levadura, cánones, tapas, pinchos, montaditos, deconstructivismo, moluscos, mejillones, almejas, guarniciones, gazpacho, vinagreta, emulsionar, fondos, texturas, gastronomía molecular, cocina fusión, etc.
Interculturalidad	• Comparar ingredientes y recetas en varios países • Razonar sobre la importancia de la comida y los alimentos en la cultura y sociedad
Tarea	• (Uso del profesor)
Notas	• (Uso del profesor)

- Explique a los alumnos que a continuación se presenta cómo elaborar una serie de recetas populares en América Latina. Indíqueles que deben fijarse que, aunque en todas se enfatiza en su preparación, cada una de ellas utiliza unas instrucciones diferenciadas.

Ideas o sugerencias para sacarle partido a cada actividad o ejercicio

- Deben leerse los textos completos. Tras cada lectura, los alumnos harán una reflexión sobre la forma en que las recetas se explican.
- Después deben repetir las estructuras para dar instrucciones en diversas situaciones de cocina.

Instrucciones detalladas (sobre como enfocar los textos)

Actividades orales interactivas

- Practique las distintas formas de imperativo en distintas situaciones. Reparta una serie de actividades a realizar indiscriminadamente. Los alumnos pueden elegir y sugerir su propia actividad si lo prefieren. Si puede practicar en la cocina del colegio cocinando en realidad, pida a cada uno que presente individualmente o en grupo una receta de un país de Latinoamérica, o España, y una de su país de origen o cualquier otro de su elección.
- Utilice la forma de recetario, y cree un recetario completo, añada fotos y una explicación sobre los ingredientes y el país o países donde se prepara el platillo.
- Puede organizar una especie de concurso de televisión, en el que los alumnos compiten por presentar una receta original y fácil de preparar, con unas instrucciones claras y precisas dirigidas al público elegido para la ocasión. Dedique algunas sesiones a ver los videos que se recomiendan en los enlaces, en donde pueden ver distintas recetas de otros países, y la forma de realizarse.
- Preste atención a los utensilios, el lugar de preparación, los ingredientes, la forma de explicar cómo realizar cada receta, las diferencias y las semejanzas entre recetas. Hágales notar si las recetas y los ingredientes se repiten.
- Cada alumno debe elegir una receta y repetir las instrucciones dadas en los videos hasta reproducir fielmente las instrucciones dadas por cada persona. Asegúrese de que distinguen el registro formal o informal, el vocabulario utilizado, y si es posible, el acento distintivo de cada país.

Interculturalidad

- En este capítulo se trata de hacer relacionar la geografía y el clima de cada país con sus ingredientes y recetas tradicionales. Los alumnos deben comparar su propia gastronomía con los países latinoamericanos y con España, y entender la importancia que la comida tiene en general para cada país.
- Deben darse cuenta de la importancia del registro formal frente al informal y reconocer en qué situaciones deben utilizar uno u otro. Vea los videos recomendados y busque junto con sus estudiantes muchos más, para que quede claro la necesidad de esa distinción de acuerdo con el destinatario. Pregúnteles si en su lengua hay diferencias similares y que expliquen el significado y la relevancia de esas diferencias.
- Pregúnteles si en su familia, región o país, se utiliza la comida de la misma forma. Si se come en silencio o hablando; si los niños comen con los mayores o aparte; si hay una hora fija para cada comida o se come cuando hay comida y está preparada; quién prepara la comida normalmente; a quién se sirve antes y por qué; si se invita formalmente a comer a los amigos o familiares o si esa invitación puede ser informal y si alguien llega a la hora de la comida se le ofrece lo que hay. Y cualquier tipo de información que puedan ofrecer y que de un conocimiento más amplio sobre el tema de este capítulo.

Producción escrita

- Los alumnos deben escribir críticas gastronómicas y dar consejos a posibles clientes. Pueden utilizar ejemplos reales de los restaurantes que conocen.

- Preparar una serie de anuncios para celebrar una Feria de la Alimentación o un día especial en el que se requiere un menú también especial. Los anuncios deben incluir información sobre los platos elegidos y la razón por la que han sido elegidos.

- Los alumnos deben elegir recetas de los videos recomendados (o distintos) y escribirlas teniendo en cuenta el registro. Asegúrese de que utilizan las distintas formas posibles y que las distinguen correctamente.

- Le recomendamos leer el libro del escritor argentino Julio Cortázar, *Manual de Instrucciones,* del año 1962, en el que este escritor, con su estilo característico, da instrucciones para llorar, para cantar, para subir una escalera, y muchas otras, divertidas y geniales. Después pida a sus alumnos que realicen sus propias instrucciones para actividades de la vida diaria (cómo comer, cómo vestirse, etc.). Puede encontrar estas instrucciones de Julio Cortázar en línea.

Actividades orales individuales o interactivas

- Organice una serie de presentaciones orales en las que los alumnos practiquen el uso de dar instrucciones. Pueden ser presentaciones individuales o en grupo.

- Instrucciones sobre recetas de cocina que ellos mismos conozcan, familiares o regionales, etc.

- Pueden también seguir el modelo de Cortázar y hacer una presentación oral dando instrucciones sobre cosas cotidianas y normales.

Texto 16.3.1: Tortilla española para 4 personas

SB P227

Respuestas

Contenidos

1

a se peguen (pegarse)

b se les escurre el aceite (escurrir)

c cuajada

d doradita (dorada)

2

a 3

b 7

c 4

d 1

e 6

3 ¡De chuparse los dedos!

Producción escrita

- El correo electrónico debe referirse a la importancia que tienen en España las largas sobremesas y la diferencia o similitud con su propia experiencia.

- Mire el formato requerido para tipos de textos. Los alumnos deben seguir este formato y usar la información que se pide en las instrucciones.

Texto 16.3.2: La cocina española moderna

SB P230

- Invite a los alumnos a buscar información sobre cómo ha evolucionado la cocina moderna, de qué maneras ha aumentado su popularidad y qué impacto tiene en la sociedad el concepto de la nueva cocina.
- Después lea el texto y compruebe que han comprendido todo lo anterior.

Respuestas

Contenidos

1   El reconocimiento de los cocineros a quienes se conoce por su nombre
2   Muestra elevadas audiencias
3   La utilización de los *pintxos* (pinchos o tapas vascas) en la alta cocina
4   La innovación, nuevos conceptos en torno a costumbres españolas
5   Introduce nuevos conceptos culinarios (aires, humos, espumas, etc.), ingredientes y estilos

Actividad oral individual

- Analizar el significado de las tres fotografías que aparecen en el libro de texto para analizar la evolución de la cocina española: desde el restaurante clásico "Casa Botín" que nunca pasa de moda y es todavía un atractivo turístico hasta las tapas de cocina-fusión donde se utiliza la influencia oriental a una parte tan tradicional de la cocina española. ¿Qué demuestra esta evolucioón tanto a nivel culinario como cultural?
- Después de leer y realizar los ejercicios sobre los textos relacionados con la comida española, los alumnos deben preparar una presentación oral (siempre con fotos) sobre la gastronomía española y la evolución de los últimos años. Pueden utilizarse las costumbres gastronómicas de otros países para mayor variedad, así como la comparación entre costumbres y culturas.
- Para preparar esta presentación los alumnos deben ampliar sus conocimientos sobre la *nueva cocina* española a través de investigación en línea sobre esta tendencia. Hay muchos videos, muchas recetas y muchos artículos sobre dicha tendencia y los cocineros famosos.
- Si así lo prefieren, pueden hacer presentaciones individuales sobre la cocina en otros países. Insista en el uso de fotos, descripciones, recetas, ingredientes, forma de realizarlo y cualquier detalle que pueda ser de utilidad e interés.

Interculturalidad

- Valorar y comparar ese *culto por la comida* de los países en donde se habla español con otros países y otras experiencias. Reflexionar sobre la importancia de la comida en general en algunos países.
- Analizar si esa importancia tiene algún reflejo en el lenguaje. Analizar el por qué de esas diferencias, y las razones por las cuales los países pueden tener una relación distinta con la comida, y el papel de las comidas como centro de reunión familiar, de amigos, y también de negocios.
- Utilizar primordialmente los países latinoamericanos, España, el país donde el colegio está ubicado y los países representados por los alumnos. Cualquier otro país de interés personal servirá para añadir una mejor perspectiva sobre las diferencias o semejanzas.

Teoría del conocimiento

- La comida y las tradiciones gastronómicas dicen mucho sobre los países y su gente. ¿Se puede entender a una persona, o a un grupo, por lo qué come y cómo lo come?

Duración del capítulo

Depende del número de horas semanales. Pero como media se aconseja un periodo de 4 a 5 semanas por capítulo dedicando de dos a tres lecciones por texto, dependiendo de los niveles de dificultad. Adapte las sugerencias de la Interculturalidad al nivel de los alumnos. Todas pueden tratarse a ambos niveles, pero en más profundidad a Nivel Superior.

Evaluación

Completar las actividades y las muestras de exámenes anteriores. Asegurarse de que se han cumplido los objetivos del capítulo y comprobarlo con evidencias.

Capítulo 16 – Respuestas a las prácticas para el examen
Noviembre 2001 TEXTO B SL — DULCES DE ANTAÑO Y DE SIEMPRE

1   V jugoso (negocio)

2   F esta fundación les facilitó 3500 dólares

3   F reunieron cinco grupos representativos (de personas de diferentes edades)

4   F Al cabo del estudio (los nuevos empresarios) (eligieron un nombre)

5   D

6   A

7   B

8   B

9   C

10   C

SALUD Y BELLEZA: TRASTORNOS ALIMENTARIOS

Objetivos	• Conocer los conceptos de salud y belleza en las culturas de habla hispana
	• Demostrar estos conceptos mediante la descripción de estímulos visuales
	• Preparar un informe sobre los desórdenes alimentarios
	• Indicar prioridades/obligaciones
	• Relacionar la estética con el arte (ensayo de opinión)
Contenidos y Manejo de texto	• Extraer ideas principales del texto
	• Definir conceptos del texto
	• Reflexionar sobre la fuerza de la fotografía
	• Analizar los textos que acompañan imágenes
Destrezas productivas: Descripción de estímulos visuales	• Descripción de las imágenes representadas en las fotografías
	• Análisis de lo que representan en el marco del contenido
	• Unión con otros temas/aspectos cubiertos en los Opcionales
Destrezas productivas: desarrollo de tarea y mensaje en diferentes formatos	• Folletos proponiendo una vida sana
	• Informes sobre desórdenes alimentarios
	• Poder expresar prioridades y obligaciones
	• Ensayo de opinión (estética y arte)
Vocabulario especializado	• Desórdenes, trastornos, anorexia, bulimia, peso, sobrepeso, fobia, apetito, alimenticio, distorsionar, nutrición, desnutrición, malnutrición, inanición, inapetencia, ingerir, vómito, vértigo, hidratación, deshidratación, náusea, amenorrea, anemia, inmunización, digestión, vasoconstricción, hipertensión, hipotensión, arritmias, renal, hepático, decaimiento, talla, hipotálamo, esbeltez, gordura, desajustes, gatillo, enzimas, patrones…
Interculturalidad	• Comparación de los valores y cánones de belleza en los distintos países y épocas
Tarea	• (Uso del profesor)
Notas	• (Uso del profesor)

Instrucciones detalladas (sobre cómo enfocar cada texto)

• Prepare a los alumnos para el tema de estudio organizando una discusión en grupo (asegúrese de que todos tienen tiempo para expresar su opinión, o sus experiencias al respecto). Invite a una reflexión sobre las modelos más conocidas, la prohibición reciente de pases de moda con modelos extremadamente delgadas, la muerte de algunas de ellas., etc. Puede sugerirles que busquen fotos en Internet para describir y comentar. Haga lo mismo sobre el problema contrario, el sobrepeso. El objetivo es conseguir una serie de conclusiones sobre la necesidad de una dieta balanceada, con la que obtener todas las vitaminas, minerales, calorías y proteínas necesarias, sin subir de peso; y la importancia de tener una fuerza personal y una autoestima adecuada para poder ignorar algunos de los modelos de belleza que se imponen a nivel de publicidad, en donde la delgadez extrema se considera el principal valor.

- Pregunte a los alumnos sobre sus propias experiencias respecto a los conceptos de belleza y salud. Si les preocupa el estar delgados o gordos, sus preferencias, etc. Asegúrese de que se acostumbren a explicar sus razones y sus opiniones.

- Recuerde a sus alumnos que deben elaborar una lista de vocabulario propio. Deben también fijarse en las palabras con prefijos y sufijos y en el cambio de significado aportado por estos elementos. Pídales que incluyan todas las distintas posibilidades de una palabra en su listado.

- Se recomienda realizar un estudio sobre los cambios de los valores de belleza a lo largo de los siglos. Para ello se pueden observar distintas pinturas de pintores de varias épocas, y comparar como se representan las mujeres y los hombres, tanto a nivel físico, como los adornos y las habitaciones en donde se pintan.

Ideas o sugerencias para sacarle partido a cada actividad o ejercicio

- Debe iniciarse la lección con la lectura completa del texto 17.1.

Texto 17.1.1: Anorexia en el Paraguay

SB P326

- Los alumnos harán una reflexión sobre las ideas relevantes del texto.

- Se puede elaborar una lista con todas estas ideas.

- Debe sugerirles que intenten copiar el estilo del texto leído y escriban sus propias ideas con sus palabras y refiriéndose a su país, ciudad, colegio, círculo social, etc.

Actividades orales individuales

- Antes de leer, elaboren juntos una serie de definiciones de los diferentes tipos de risa ilustrándola con ejemplos de situaciones que los provoquen.

- En clase, discuta la validez de las fotos que reflejan problemas relacionadas con la anorexia y la bulimia. Pídales que describan las fotos, teniendo en cuenta la imagen y la idea que se quiere transmitir con esas fotografías.

- Organice un concurso en su clase, o en la escuela, con fotos, folletos, carteles, *power-points*, *I-movies*, etc. Elija un tribunal entre los mismos alumnos, que elegirán y discutirán las razones por las que unos son mejores que otros, y su efectividad tanto a nivel de imagen como de los textos incluidos.

Producción escrita

- **Opción 1:** Pida a sus alumnos que escriban una serie de sugerencias o consejos para los demás estudiantes del colegio, sobre cómo mantenerse en forma, comer bien: el tipo de comida que es mejor para obtener los nutrientes necesarios sin subir de peso; beber bien: abundante agua, zumos de frutas naturales, y evitar las bebidas edulcoradas artificialmente. Se pueden presentar en forma de carteles para exponerlos en distintas áreas del colegio, o se pueden presentar oralmente a otros grupos que estudien español. También es importante añadir la influencia del ejercicio físico a la hora de sentirse bien.

- **Opción 2:** Solicite a sus estudiantes elaborar informes, tomando como ejemplo el primer texto, o cualquier otro que lean en clase, sobre la importancia de una discusión abierta sobre los valores de belleza en ciertas sociedades modernas y la comparación con otras épocas y culturas.

Gramática en contexto

- Explique a los alumnos la forma en que se expresa obligatoriedad y deber. Utilice los ejemplos de la tabla y sugiérales que utilicen esas estructuras para su producción escrita en los folletos o anuncios.

- Insista siempre en la necesidad de aportar posibles soluciones a los problemas expresados.

Como expresar obligación o necesidad

Hay que	
Tener que	+ infinitivo
Deber	

Estas perífrasis verbales señalan la obligación o la necesidad de hacer algo.

Hay que + infinitivo

Se usa en situaciones generales, y se puede aplicar a todos:

Hay que respirar.
Hay que vivir y hay que trabajar.

Tener que + infinitivo

Expresa una necesidad. Se conjuga de acuerdo con la persona que tiene que hacer algo:

Tienes que estudiar para los exámenes.
Tenemos que trabajar esta mañana.

Deber + infinitivo

Expresa la idea de obligación, de deber. Se conjuga de acuerdo con la persona que debe realizar algo:

Debe venir todos los días a las 8 de la mañana.
Debes poner ese libro en la estantería.

Cómo aconsejar, sugerir o recomendar

Explique también el uso del subjuntivo en ciertas estructuras y su uso. En este caso, para aconsejar, sugerir y aconsejar, si queremos usar la palabra *que*

Me			
Te			
Le	sugerir		
Nos	recomendar	que	+ subjuntivo
Os	aconsejar		
Les			

*Me sugeristéis que **pidiese** (**pidiera**) lo mismo hace un año.*
*Te recomendaron que **llegases** (**llegaras**) a la hora en punto.*
*Le aconsejó que **dejase** (**dejara**) de comer tantos pasteles.*

Podemos sugerir, aconsejar y recomendar con el infinitivo (sin *que*)

Me		
Te		
Le	*sugerir*	
Nos	*recomendar*	+ infinitivo
Os	*aconsejar*	
Les		

*Nos sugirieron **ir** al Caribe en enero.*
*Os recomendé **visitarle** después de cenar.*
*Les aconsejamos **ignorar** esa parte de la historia.*

Expresar una orden o sugerencia con el imperativo

Podemos expresar obligación, necesidad, deber, así como dar sugerencias, consejos y recomendaciones con el imperativo:

Visítame esta noche.
Ofrécele un poco de agua.
Ven a la misma hora todos los días.
Estudia para tus exámenes.

Interculturalidad

- Discusión y reflexión sobre la problemática de falta o exceso de peso, el valor en cada sociedad o país representado y la experiencia personal, familiar o social de sus alumnos.

- Discutir las razones por las que en algunos países prefieren tener más kilos que otros y la diferencia en valores culturales que esto representa.

- Pregunte a cada estudiante sobre la situación en su país respecto a los problemas de alimentación: sobrepeso, hambre, desórdenes alimentarios, tal y como ellos lo ven o lo han vivido.

- Después sugiérales que busquen ejemplos para corroborar y rechazar sus ideas. Puede utilizar programas sacados del Internet en donde personas hablan de sus problemas personales respecto a su relación con la comida. Intente encontrar ejemplos para todos los países representados en el grupo, así como de los países latinoamericanos y de España.

Actividad oral individual

- Utilice las fotos del capítulo, y muchas otras más relacionadas con los temas del capítulo para practicar la AOI.

- Recuerde a los alumnos que deben empezar por describir las imágenes y después relacionar su descripción con el tema elegido. Deben también expresar sus opiniones a favor y en contra.

- Invíteles a buscar pinturas de distintos siglos donde se reflejen los valores de belleza, a discutir esos valores en grupo, y a utilizar las pinturas o fotografías en sus presentaciones individuales.

Teoría del conocimiento

- ¿Por qué unas personas se dejan morir de hambre mientras otras mueren de hambre?

- ¿Cómo podemos aceptar que haya tanta gente preocupada por su belleza física mientras hay tantos que no pueden comer ni dar de comer a sus hijos?

Duración del capítulo

Depende del número de horas semanales. Pero como media se aconseja un periodo de 4 a 5 semanas por capítulo dedicando de dos a tres lecciones por texto, dependiendo de los niveles de dificultad.

Evaluación

Completar las actividades y las muestras de exámenes anteriores. Asegurarse de que se han cumplido los objetivos del capítulo y comprobarlo con evidencias.

Capítulo 17 – Respuestas a las prácticas para el examen

Noviembre 2008 TEXTO B HL — RECONOCIDO DESFILE MADRILEÑO RECHAZA A LAS MODELOS EXTREMADAMENTE DELGADAS

1   al no presentar un aspecto saludable

2   difundan una imagen que no responda a la realidad

3   a muchas jóvenes

4   a las tallas

5   F es la primera vez que una pasarela internacional adopta medidas

6   V el maquillaje de las chicas no oculta los rostros demacrados

7   F es un problema social cuya solución "depende de todos"

8   ahora

9   determinadas

10 retirar

11 se ha quejado

12 cuanto

13 puesto que

14 como

15 así

TEMAS OPCIONALES: SALUD
MEDICINA ALTERNATIVA

Objetivos	• Considerar algunos métodos de medicina alternativa • Justificar los usos de la medicina homeopática • Describir las ventajas de estas alternativas a través de estímulos visuales • Usar expresiones idiomáticas relacionadas con el tema • Escribir el guión de una conferencia abordando este tema • Organizar los datos aprendidos para escribir un artículo
Comprensión de lectura	• Identificar enunciados verdaderos o falsos • Encontrar oraciones sinónimas • Completar una tabla con información del texto • Responder preguntas
Destrezas productivas: Descripción de estímulos visuales	• Descripción de la imagen representada en la fotografía • Análisis de lo que representa en el marco del contenido • Unión con otros temas/aspectos cubiertos en los Opcionales
Destrezas productivas: desarrollo de tarea y mensaje en diferentes formatos	• Texto de una conferencia • Artículo de opinión
Vocabulario especializado	• Medicina homeopática, risoterapia, problemas físicos, problemas mentales, insomnio, ansiedad, estrés, expresiones idiomáticas…
Interculturalidad	• Usos de este tipo de tratamientos en diferentes culturas
Tarea	• (Uso del profesor)
Notas	• (Uso del profesor)

Texto 18.1.1: La homeopatía: ¿Qué es?

SB P250

• Puede empezar preguntándoles a los alumnos que saben sobre este tipo de tratamientos y explorar cual es su opinión en relación con su uso.

Respuestas

Manejo de texto

1

a   F *Es una de las más antiguas*

b   V *Segura y sin contraindicaciones*

c   F *Se utilizan de forma habitual plantas frescas*

d   F *No debe esperarse sabor, olor ni color alguno*

2

a   No hay contraindicaciones

b   Bajo supervisión del médico homeópata

c   El vehículo de ingestión

d   Tomar fuera de los alimentos

e   De lo contrario no es un producto homeopático

f   Es necesario un consumo continuado

g   Se puede ingerir una o más formulaciones simultáneamente

Texto 18.1.2: Risoterapia

SB P253

- Empiece preguntando a sus alumnos si conocen los beneficios de la risa, también preguntarles cuanto tiempo se ríen al día.
- Es interesante que les pregunte si conocen diferentes tipos de risa: risa franca, risa nerviosa, risa sarcástica, y si piensan si todas son beneficiosas.
- Antes de leer, elaboren juntos una serie de definiciones de los diferentes tipos de risa ilustrándolo con ejemplo de situaciones que los provoquen.

Actividad oral individual

- Descripción de la fotografía enfatizando en la expresión de la cara
- Analizar qué puede provocar la risa de un niño con más facilidad que un adulto
- Responder de un modo razonado a los titulares que se ofrecen
- Explorar las ventajas de la risa y explicar las expresiones idiomáticas que aparecen
- Conectar con otros temas opcionales: ocio, usos alternativos de la ciencia

Respuestas

Contenidos

1

Problemas físicos	Problemas mentales
Enfermedades del corazón	Estrés
Sistema respiratorio	Preocupación
Ejercicio físico	Depresión
Tensión muscular	

Texto 18.1.3: Entrevista a Mari Cruz García Rodera

SB P255

- Pregunte en clase si han oído hablar de esta especialidad que estudia la risa. Después deben leer la entrevista y sacar conclusiones sobre la importancia que tiene reírse.

Respuestas

Contenidos

1

a   gelotología (Mari Cruz es gelotóloga)

2

a   Porque se dio cuenta de que las personas con sentido del humor se conservaban más sanas

b   Comprendió que la risa ayudaba a superar problemas graves

c   Siempre le ha apasionado estudiar las medicinas complementarias y sus usos en diferentes culturas

d   Los grandes maestros de la risa son los niños. Fomentan la fantasía y la magia. Podemos aprender de ellos

e   No, se vive permanentemente

f   Estás viviendo tu propia dignidad y tu predilección; sentir la dignidad de ser felices

Actividades orales individuales

Insomnio
- Descripción de la fotografía
- Definir en qué consiste este trastorno del sueño
- Explicar la serie de expresiones idiomáticas que aparecen en los títulos
- Diferenciar las que indican dormir bien de las que significan lo contrario
- Conexión con otros temas opcionales: ciencia y tecnología, alimentación

Ansiedad
- Describir la fotografía y lo que representa
- Explicar los títulos en detalle
- El papel de la mujer en el mundo del trabajo
- Diferencias de los sexos ante la sociedad
- Conexión con otros temas opcionales: ocio y tiempo libre, belleza

Estrés
- Descripción de la fotografía
- Explicacar los títulos en detalle
- Analizar el significado de las expresiones idiomáticas y lo que sugieren
- Conexión con otros temas opcionales: ocio, ciencia, diversidad cultural

Conclusión
- Explicar como las medicinas alternativas pueden combatir este tipo de trastornos
- Explicar las expresiones faciales (gestos, crispación, etc.)

Producción escrita

Opción 1: Texto de una conferencia

- Ver el formato requerido para este tipo de texto
- Registro semiformal ya que la conferencia va dedicada a los alumnos (aunque pudiera haber algún profesor)
- Contenido sobre el ritmo de vida ilustrado con ejemplos
- Sustentar el concepto de la inestabilidad emocional: utilizar la información que se ha leído en los textos del capítulo

Opción 2: Artículo de opinión

- Mirar el formato requerido para este tipo de texto
- Registro formal
- Desarrollarlo bajo el punto de vista de la opinión personal
- Introducción explicando su postura
- Desarrollo aportando ejemplos que la apoyen
- Utilizar la información aprendida en este capítulo

Teoría del conocimiento

- Invitar a los alumnos a dar su opinión personal de un modo razonado y apoyando con ejemplos cualquiera que sea su postura.

Duración del capítulo

Depende del número de horas semanales. Pero como media se aconseja un periodo de 4 a 5 semanas por capítulo dedicando de dos a tres lecciones por texto, dependiendo de los niveles de dificultad. Todas las actividades son pertinentes para ambos niveles.

Evaluación

Completar las actividades y las muestras de exámenes anteriores. Asegurarse de que se han cumplido los objetivos del capítulo y comprobarlo con evidencias.

Capítulo 18 – Respuestas a las prácticas para el examen

Noviembre 2001 TEXTO A HL — EDUARDO ESTIVIL: EXPERTO EN SUEÑO

1   F
2   E
3   D
4   I
5   G
6   fajo
7   suplicio
8   con verbo suelto
9   aparenta
10   informa
11   sufre
12   fatiga
13   reduce

TEMAS OPCIONALES: OCIO

VIAJES

Objetivos	• Conocer la geografía de algunos países de América Latina • Preparar/organizar diferentes tipos de viajes • Describir algunos de estos destinos mediante fotografías • Utilizar la información presentada para realizar diversas tareas relacionadas con la producción escrita • Relacionar el pasado con el presente en la cultura española: El camino de Santiago
Contenidos y Manejo de texto	• Completar tablas con el contenido principal • Decidir si los enunciados son verdaderos o falsos • Comprender los textos y expresar las ideas principales • Obtener información a través de folletos turísticos • Organizar viajes e itinerarios a partir de los textos
Destrezas productivas: Descripción de estímulos visuales	• Descripción detallada de todas las imágenes representadas en las fotografías • Análisis de lo que representan en el marco del contenido • Unión con otros temas/aspectos cubiertos en los Opcionales
Destrezas productivas: desarrollo de tarea y mensaje en diferentes formatos	• Página de diario describiendo un viaje • Folletos de agencias de viaje • Itinerarios sobre posibles viajes y su publicidad • Informes sobre características geográficas, económicas y políticas de la región • Creación de un blog con fotos (que se deben describir) e información sobre un viaje real o imaginario • Escribir una carta, o correo electrónico, de queja, exigiendo la devolución del dinero por el viaje realizado • Escribir el texto de una entrevista imaginaria a un personaje famoso o a un local (desconocido)
Vocabulario especializado	• Sierras, estancias, rural, haciendas, ranchos, fincas, asado argentino, inca, pre-inca, hispánico, prehispánico, ruinas, artesanía, artesanal, ancestral, pernoctar, carretera ripiada, carretera asfaltada, archipiélago, islotes, corsarios, concitar, parajes, desolados, patriotas, desterrar, misterios, tributo, carabineros, posta de salud, muralla, fortificaciones, fortaleza, fuerte, desbordar, fachadas, brisa, solemne, claustro, baluartes, vestigio, murallas, angosto, aguerrido, ocaso, evocar, irradiar, euforia, colmado, prístina, guarida, bucanero, rocoso, acervo, improntas, carey, caparazón…
Interculturalidad	• Significado y análisis de las ofertas de viaje de los países latinoamericanos y su aporte al mundo • Comparación de la geografía, la historia, la riqueza cultural entre Latinoamérica y los países representados por los alumnos o aquellos que sean de interés para el grupo
Tarea	• (Uso del profesor)
Notas	• (Uso del profesor)

Indique a los alumnos que a continuación van a leer un recorrido por una serie de países de América Latina. Explíqueles los diferentes propósitos de los viajes para ayudarlos a completar la tabla después de la lectura.

Instrucciones detalladas (sobre cómo enfocar el capítulo)

- Prepare a los alumnos para el tema de estudio utilizando mapas de Latinoamérica y de España. Consultar páginas web de las oficinas de turismo de cada país, y agencias de viaje que organicen viajes por Latinoamérica y por España.
- Pregunte a los alumnos sobre sus viajes en general y en particular a países donde se habla español.
- Pídales que busquen información sobre los lugares históricos principales, prehispánicos, coloniales y contemporáneos.
- Dígales que elijan rutas distintas según los intereses de cada estudiante.
- Recomiende a los alumnos que organicen un itinerario de viaje detallado (horarios de vuelos, de trenes, de autobuses, hoteles, visitas, etc.)

Ideas o sugerencias para sacarle partido a cada actividad o ejercicio

- Deben leerse todos los textos propuestos sobre cada uno de los países y complementar la información con el uso de folletos turísticos obtenidos a través de agencias de viaje, de oficinas de turismo, o de otras páginas web de cada país mencionado. Cada país tiene varias páginas dedicadas al turismo y a las diversas posibilidades de viaje de acuerdo con sus características. Deben añadir información histórica, económica, social, etc., y pensar sobre la importancia de todos los países latinoamericanos.
- Deje que los alumnos elijan el tipo de viaje que prefieren; pídales que expliquen sus motivos. Viajes culturales, de aventura, fotográficos, ecológicos, visitas rurales, deportivos, de compras, etc. Se puede también comparar la flora y la fauna de cada país.
- Los alumnos deben extraer una idea clara de la geografía e historia de cada país latinoamericano y deben ser capaces de preparar un supuesto viaje eligiendo los países que consideran más atractivos y explicando las razones de su elección.
- Haga que los alumnos reflexionen sobre cuáles ideas de las que han leído les perecen más relevantes.
- Elabore junto con sus alumnos una lista con todas estas ideas y pídales que las utilicen después en sus escritos y en sus presentaciones individuales o de grupo.

Sugerencias para actividades/ejercicios

- Sugiera a sus alumnos elaborar distintos formatos sobre los textos de viajes: diarios, folletos, itinerarios, informes geográficos, económicos y políticos, blogs, cartas correos electrónicos, entrevistas, cuestionarios, etc.

Actividades orales individuales

- Los alumnos deben describir cada una de las fotografías que acompañan los textos de cada país y tratar de relacionar la fotografía con dichos textos. Pueden utilizar otras fotografías que encuentren sobre todos los países y el objetivo es que obtengan una idea clara sobre lo que pueden encontrar en los distintos países a nivel de aventuras, descanso, naturaleza, historia, cultura, artesanía, gastronomía, etc.
- Deben ser capaces de añadir una oración a cada fotografía, que de alguna forma describa las características de esos países de acuerdo con la investigación realizada previamente. Realice un listado con las propuestas de todos los alumnos para cada fotografía y después utilícelas para la práctica de la actividad oral individual.

Respuestas

Manejo de texto

- Todos los destinos tienen distintas posibilidades, por lo mismo los alumnos pueden encontrar distintas opciones en cada itinerario propuesto, además de los que ellos mismos elijan en la web o en folletos turísticos.

- Se sugiere buscar posibilidades de todo tipo en cada uno de los países. También se pueden añadir opciones como ruta gastronómica, artesanal, etc. En términos generales, se podrían dividir de la siguiente forma. Pero las posibilidades son más amplias.

Cultural	Aventura	Descanso	Parques naturales
Apreciando el pasado Bolivia	Isla Robinson Crusoe, Chile	Estancias rurales, Argentina	Isla Robinson Crusoe, Chile
Cartagena de Indias Colombia		Parque Nacional Isla del Coco, Costa Rica	Parque Nacional Isla del Coco, Costa Rica
La cultura en Cuba		Parques Nacionales, Ecuador	Parque Nacionales, Ecuador
Culturas vivas Honduras		Turismo verde, El Salvador	Turismo verde, El Salvador
Petén, Guatemala			Petén, Guatemala
Puebla, México	Cayos Miskitos, Nicaragua		Cayos Miskitos, Nicaragua
Misiones jesuitas, Paraguay	Asunción, viaje en locomotora		Chaco Paraguayo, Paraguay
Líneas de Nasca, Perú			Pueblitos de la montaña, Panamá
Zona colonial, Santo Domingo	Caribe, Santo Domingo		Punta del Este, Uruguay
	La Selva, Venezuela		La Selva, Venezuela
Camino de Santiago, España	Camino de Santiago, España		Camino de Santiago, España

- Otra posibilidad es organizar viajes por opciones. Pida a los alumnos que organicen un viaje cultural a Latinoamérica, (o un viaje de aventuras, un viaje gastronómico, etc.) y especifique el número de países que deben incluir, así como los días que tienen y el presupuesto para realizarlo.

Camino de Santiago

- Pida a los alumnos que busquen información referente al llamado *Camino de Santiago* y su significado en España y Europa. Deben buscar información sobre las posibles rutas a seguir desde todos los puntos europeos: el *Camino Francés*, la *Vía de la Plata*, el *Camino del Norte*, etc.

- Sugiérales preparar una lista con todo lo que necesitan para realizar el *Camino de Santiago*, y también para cualquier otro viaje elegido. Deben tener una idea exacta del dinero que necesitan y cómo lo van a distribuir. Deben elegir el camino a seguir y las paradas que van a realizar. Deben por lo mismo decidir cuántos kilómetros van a realizar cada día y si van a llegar al final o a realizar solo una parte del viaje. Deben tener la información necesaria sobre cada albergue de peregrinos y si pueden pernoctar en ellos o deben ir a otro sitio.

- Le recomendamos ver con sus estudiantes unas películas sobre el *Camino de Santiago*; una película reciente (en inglés, pero traducida al español o con subtítulos en español) *The way* (2010), y la película española *Al final del camino* (2009). Estas películas ayudarán a entender la importancia histórica del *Camino de Santiago* y su actual demanda como destino turístico para cierto tipo de turistas.

Actividad oral individual

Foto de los peregrinos:

- Describir la fotografía en detalle; la ropa de los viajeros, el equipaje, el alojamiento.

- Describir el paisaje y el albergue para peregrinos donde van a alojarse.

- Prestar atención a que uno de los peregrinos camina con muletas, ¿qué significado tiene que gente con problemas físicos haga el Camino?

Foto de la Catedral:

- Describir la imagen.

- Responder al titular *ciudad medieval, peregrinos modernos* y explicar el contraste.

- Responder a la pregunta analizando el contenido hasta que punto existe religión o superstición.

- Ver como se hace hoy día el Camino en comparación a como era en la época medieval.

Actividades orales individuales e interactivas

- Todas las fotografías del capítulo, más las que los alumnos aporten, pueden ser utilizadas como actividades orales, interactivas o individuales. Se recomienda relacionar en todo momento la fotografía con las características del país y su cultura.

- Pida a cada estudiante que elija un país latinoamericano, o España; que busquen una serie de fotos representativas, y que obtengan información sobre la cultura, la historia, la geografía, los habitantes, las ciudades más importantes, la economía, las condiciones de las minorías, de los indígenas si los hay, etc. En su presentación individual deben hacer referencia a la información relevante. Siempre deben empezar sus presentaciones por una descripción de las fotografías encontradas.

- Para actividades interactivas organice grupos y simule distintos viajes. Cada grupo visita un país y hace una descripción detallada de lo que ha visto y hecho cada día. Deben incluir información sobre el alojamiento, la comida, el clima, los lugares de interés turístico y los precios, así como un presupuesto de lo que han gastado en el viaje.

- Es importante que obtengan y presenten información histórica y cultural relevante.

Teoría del conocimiento

- Examine junto con sus estudiantes, la geografía de los países latinoamericanos, y de España. Compare con otros países.

- Consideren si la geografía y el clima pueden determinar el carácter de los pueblos. ¿Influye en nuestra percepción del mundo el lugar donde vivimos? ¿Son los habitantes de una isla distintos a los del continente?

Duración del capítulo

Depende del número de horas semanales. Pero como media se aconseja un periodo de 4 a 5 semanas por capítulo dedicando de dos a tres lecciones por texto, dependiendo de los niveles de dificultad. Se ajusta a las necesidades de los dos niveles.

Evaluación

Completar las actividades y las muestras de exámenes anteriores. Asegurarse de que se han cumplido los objetivos del capítulo y comprobarlo con evidencias.

Capítulo 19 – Respuestas a las prácticas para el examen

Noviembre 2009 TEXTO B SL — ECUADOR: UN PAÍS ESTRATÉGICO PARA EL TURISMO

1   A

2   I

3   E

4   H

5   (nacionalidades) indígenas

6   (propia) cosmovisión

7   para

8   por

9   y

TEMAS OPCIONALES: OCIO
JUEGOS Y DEPORTES

Objetivos	• Analizar el papel de los deportistas famosos como ídolos de la juventud • Describir estímulos visuales relacionados con los triunfos deportivos • Utilizar la información pertinente para preparar una entrevista • Aprender sobre las diferencias culturales del deporte • Conocer juegos tradicionales de la cultura hispánica • Describir visualmente esta cultura popular • Usar estímulos visuales para explicar la adición al juego • Utilizar información para escribir una carta formal
Contenidos y Manejo de texto	• Completar oraciones según el sentido del texto • Expresar reacciones ante opiniones que aparecen en los textos • Responder a una serie de preguntas
Destrezas productivas: Descripción de estímulos visuales	• Descripción de las imágenes representadas en las fotografías • Análisis de lo que representa en el marco del contenido • Unión con otros temas/aspectos cubiertos en los Opcionales
Destrezas productivas: desarrollo de tarea y mensaje en diferentes formatos	• Entrevista a Rafael Nadal • Artículo para una publicación juvenil de deportes • Ensayo analítico sobre el papel del fútbol • Carta formal sobre un caso de ludopatía
Vocabulario especializado	• Deportes: tenis, fútbol, torneo, campeonato, partido, ganar, perder, premio, trofeo, juegos de mesa, juegos de sociedad, adicción al juego, ludopatía, jugadores compulsivos, sintomatología…
Interculturalidad	• Juegos de azar, juegos de apuestas en los países de origen de los alumnos • Afición a los deportes; papel del deporte en la educación
Tarea	• (Uso del profesor)
Notas	• (Uso del profesor)

Texto 20.1.1: Rafael Nadal, una biografía

SB P290

• Empiece leyendo el pensamiento de Pau Gassol y pregunte la opinión que produce entre los alumnos.
• Pregunte a los alumnos qué saben de Nadal y qué piensan de sus éxitos deportivos.

Actividades orales individuales

- Descripción de la fotografía en detalle: expresión de la cara, gesto, etc.
- Analizar los títulos y reflexionar sobre si los deportistas de élite son modelos de conducta (o lo contrario)
- Aplicar lo anterior a la trayectoria deportiva de Rafael Nadal.
- Conexión con otros temas opcionales: salud y deporte.

Respuestas

Contenidos

1

a Ahora se le conoce solamente como tenista

b En la final de la Copa Davis 2000 como premio a sus buenos resultados

c En ingresar en la lista de los 100 mejores tenistas del mundo de la ATP

d El jugador australiano Pat Cash

e El año que empezó a ganar más títulos

f La constancia, la valentía y la autoconfianza

g La sencillez, la humildad y la madurez

h Se proclamó el jugador número uno del tenis mundial

i La pesca y el golf

Producción escrita

- Utilizar toda la información para elaborar la entrevista. Mirar detalles del formato en "tipos de textos"
- Preguntar usando los pronombres interrogativos: Cómo, dónde, cuándo, cuántos/as
- No incluir en la pregunta la información de la respuesta
- Evitar preguntas cerradas que requieran simplemente un sí o no
- Utilizar registro formal o informal (Rafael es joven y asequible)

Actividades orales individuales

- Descripción de la fotografía en detalle
- Analizar los títulos enfocando en la importancia del triunfo y el reconocimiento internacional
- Utilizar el conocimiento adquirido en la lectura de la biografía
- Conexión con otros temas opcionales: diversidad cultural

Texto 20.1.2: Fútbol: pasión por el deporte

SB P293

- Como casi siempre, conviene empezar abriendo una conversación informal sobre sus opiniones sobre la práctica del fútbol.
- Leer la introducción y comparar que opiniones mencionadas aparecen en ella.
- Leer la primera parte: *Popularidad del fútbol.*

Actividades orales individuales

- Descripción de la fotografía enfatizando en el ambiente festivo en la Copa del Mundo y en el paseo triunfal de la selección española.
- Analizar los títulos, el primero marca la fecha del triunfo, explicar el significado de una fecha conmemorativa; el segundo título invita a reflexionar sobre la importancia del fútbol.
- Conexión con otros temas opcionales: costumbres y tradiciones.

- Leer la segunda parte del texto: *Escuelas de fútbol en América Latina.*

Actividades orales individuales

- Describir la fotografía enfocada en la selección de Argentina y la figura de Diego Maradona.
- Analizar detalladamente los titulares. Explicar la opinión personal sobre las dos preguntas, ídolo o víctima y reflexionar sobre la duración de la fama y lo que implica.
- Conexión con otros temas opcionales: salud, abuso de sustancias.
- Buscar en los enlaces para más información sobre deporte y salud.

- Leer la tercera parte: *Perspectivas para el mundial de fútbol.*

Actividades orales individuales

- Describir la fotografía del ambiente en el estadio.
- Analizar y reflexionar sobre los títulos: la pasión por el deporte, la afición a ir al estadio; finalmente recapacitar sobre la última pregunta dando la opinión personal razonándola con ejemplos.
- Conexión con otros temas opcionales: diversidad cultural.

Respuestas

Contenidos

1

Las reacciones u opiniones sobre los contenidos variarán. En cualquier caso debe razonarse la respuesta.

Texto 20.2.1: Juego tradicional de la lotería en México

SB P296

- Se puede empezar hablando del carácter social de los juegos de mesa, y de si este tipo de juego puede fomentar la afición a las apuestas.
- Describir la foto sobre los cartones que se usan para jugar a la lotería.

Actividad oral individual

- Aparecen dos fotografías como apoyo al texto:

1 Lotería entre amigos:

- Describir la fotografía en detalle enfatizando en el significado de los juegos de mesa y la actitud de los jugadores.
- Las apuestas por pesos implican dinero, sin embargo jugar por frijoles indica simplemente pasar un rato agradable jugando con amigos: reflexionar detalladamente sobre estas dos visiones del juego.
- Conexión con otros temas opcionales: costumbres y tradiciones.

2 Clases sociales y papel de las mujeres:

- Descripción detallada de la fotografía haciendo hincapié en la participación de las mujeres.
- Descripción del lugar donde están jugando y su conexión con la clase social a la que pertenecen las jugadoras.
- Conexión con otros temas opcionales: costumbres y tradiciones.

Respuestas

Contenidos

1

a Semillas de frijol, tablas con ilustraciones y una baraja de cartas

b Un mazo

c Personajes cotidianos, elementos naturales y seres míticos

d Improvisar versos relacionados con las ilustraciones y comenzar el juego logrando la atención del público

e Colocar un marcador en la tarjeta según se cantan las cartas, gana quien llene la tarjeta y tiene que anunciarlo

f Es una cuota de dinero acumulado por los participantes y que gana uno de ellos

g En referencia a una costumbre de recoger dinero en la comunidad para comprar una vaca para celebrar una comida

h Cuando no compiten por una apuesta económica o por un premio

Texto 20.2.2: Adicción a los juegos de azar

SB P298

- Después de conocer el modo de jugar a la lotería, invite a los alumnos a reflexionar sobre qué puede llevar a una persona hasta el extremo de volverse adicto al juego.

Actividad oral individual

- Se presentan también dos estímulos visuales para apoyar el texto

1 El ludópata

- Describir la fotografía enfatizando en la expresión y la actitud
- Analizar el título y lo que implica la obsesión por el juego
- Explicar la expresión idiomática y su doble sentido en este caso
- Hablar de las implicaciones sociales y económicas de la adicción a los juegos para completar el último título
- Conexión con otros temas opcionales: salud (mental)

2 Efectos colaterales

- Descripción del estimulo visual en detalle
- Explicación del título enfatizando en las razones que llevan a estos abusos
- Conexión con otros temas opcionales: salud (física; abuso de sustancias)

Producción escrita

- Carta o correo formal a un psicólogo (ver *tipos de textos* para el formato)
- Contenidos basados en el desarrollo de los cinco puntos del texto
- Registro formal
- Expresión en primera persona (el alumno) con referencias a tercera persona (el jugador)

Interculturalidad

- Discuta con los alumnos la influencia que los juegos tienen en sus distintos países.

Teoría del conocimiento

- Los alumnos deben expresar sus opiniones de manera razonada y deben apoyar sus respuestas con ejemplos concretos cuando sea posible. Reflexionar sobre la importancia que los juegos y los deportes tiene en las sociedades contemporáneas.

Duración del capítulo

Depende del número de horas semanales. Pero como media se aconseja un periodo de 4 a 5 semanas por capítulo dedicando de dos a tres lecciones por texto, dependiendo de los niveles de dificultad. Se ajusta a las necesidades de los dos niveles.

Evaluación

Completar las actividades y las muestras de exámenes anteriores. Asegurarse de que se han cumplido los objetivos del capítulo y comprobarlo con evidencias.

Capítulo 20 – Respuestas a las prácticas para el examen
Noviembre 2010 TEXTO C HL — EL VERANO MÁS FELIZ DE MI VIDA

23 (ya) en frío me di cuenta que no podía andar

(si responden solamente "me di cuenta de que no podía andar" la respuesta será considerada incorrecta)

24 llevar una muleta

Se acepta: "una muleta/muletas"

25 el pub (Leyton)

Se acepta: "el pub"

26 B

27 C

28 una nube de bochorno (me cubría entera)

Se acepta sólo: "bochorno"

29 difícil marcha

30 F (a Antonio era) lo que más le gustaba

31 V (Antonio parecía) un poco más triste y nervioso

Se acepta: "parecía un poco más triste"

32 F avanzamos hasta mi portal

33 V (Antonio) me acercó los labios/sentí el frío de sus dientes torcidos

34 (me dijo) algo que no he leído después en ningún libro

35 (si algún día cuando seas mayor vuelves a) romperte una pierna

36 C

CIENCIA Y ÉTICA

Objetivos	• Tomar partido en un tema polémico • Utilizar el conocimiento aprendido para elaborar un artículo de opinión • Describir fotografías alusivas a lo anterior • Producir diferentes tipos de texto basados en estos temas polémicos • Describir problemas éticos a través de fotografías
Comprensión de lectura	• Responder preguntas • Contestar preguntas aportando opiniones • Completar una tabla decidiendo la categoría ética de ciertos elementos
Destrezas productivas: descripción de estímulos visuales	• Descripción de las imágenes representadas en la fotografías • Análisis de lo que representa en el marco del contenido • Unión con otros temas/aspectos cubiertos en los Opcionales
Destrezas productivas: desarrollo de tarea y mensaje en diferentes formatos	• Artículo para la revista del colegio • Ensayo sobre temas éticos y sus aplicaciones • Guión para un discurso • Reseña cinematográfica • Entrevista a un científico
Vocabulario especializado	• Clonación reproductiva, clonación terapéutica, eutanasia, ingeniería genética, armas biológicas, alimentos transgénicos, eugenesia, embriones, diagnósticos
Interculturalidad	• Tratamiento de estos temas según diferentes legislaciones • Postura de los organismos internacionales
Tarea	• (Uso del profesor)
Notas	• (Uso del profesor)

Texto 21.1.1: Clonación, ciencia y ética

SB P304

- Explore la información que tienen los alumnos sobre este tema y cuál es su opinión.
- Hágales leer el texto para que comparen esta opinión tras la información adquirida en la lectura.

Respuestas

Contenidos

1 La clonación reproductiva consiste en duplicar exactamente a otro humano y permitirlo nacer, mientras que la clonación terapéutica experimenta con el ser clonado para luego destruirlo.

2 Podría utilizarse para trasplantes de órganos o para combatir el crecimiento de células cancerígenas. *Las respuestas variarán.*

3 Las repuestas variarán según la opinión de los alumnos.

4 Las respuestas también variarán según el punto de vista de cada uno.

5 El autor está en contra: se pueden hacer experimentos ilegales; que algunos países defiendan la clonación no puede sino ser motivo de condena; es un acto que atenta al respeto que se merece cualquier ser humano.

6 Técnicamente perfecto quiere decir que puede llevarse a cabo, que existen los medios; éticamente inhumano significa que deben ponerse límites y controles en función a los valores morales del individuo.

Producción escrita

- Mirar "tipos de textos" para ver el formato requerido.
- Registro formal (o semiformal).
- Expresar en primera persona la opinión propia apoyándola con ejemplos.
- Responder a la pregunta de forma coherente con lo anterior.
- Utilizar la información presentada en el texto.

Actividad oral individual

- Describir detalladamente el contenido de la fotografía.
- Analizar los títulos expresando la opinión sobre los gemelos idénticos.
- Explicar si basándose en eso puede considerarse la clonación un acto natural.
- Conexión con otros temas opcionales: Salud.

21.2 La eutanasia

SB P306

- También debe comenzarse analizando la opinión y el conocimiento que tengan los alumnos sobre este tema tan polémico.
- Leer las dos partes del texto antes de completar las actividades.
- Mirar el estímulo visual antes de leer el texto.

Actividad oral individual

- Describir la fotografía enfatizando en las características físicas.
- Analizar los tres títulos y tratar de responder a cada uno de forma coherente con el contenido.
- El fin de todos es morir: explicar si este hecho puede manipularse.
- Conexión con otros temas opcionales: Salud, Costumbres y Tradiciones.

Respuestas

Contenidos

1

a Las respuestas variarán según la opinión del alumno.

b Explorar la diferencia ética entre anticipar la muerte o dejar morir: el alumno debe justificar su postura.

c El cambio de nombre no modifica que sea un homicidio.

d En el caso del suicidio asistido se cuenta con el consentimiento del paciente: el alumno debe pronunciarse al respecto.

2

Las respuestas variarán, apoyándose en los ejemplos del texto.

Producción escrita

1 Ensayo formal

- Ensayo reflexivo sobre el tema, mirar *tipos de textos* para ajustar el formato.
- Se trata de reflejar tanto los puntos a favor como los puntos en contra.
- La conclusión debe mostrar el resultado de esta reflexión.
- Pueden utilizarse datos del texto y ampliarlos a otros campos donde influya la ética en una resolución médica.

2 Guión de un discurso

- Mirar *tipos de textos* para ver las características del formato.
- La opinión expresada en el discurso es enteramente la del alumno; en cualquier caso debe apoyarse con ejemplos.
- Para cerrar el discurso puede abrirse un turno de preguntas y respuestas.

3 Reseña cinematográfica

    (Solamente si han visto la película "Mar adentro".)

- Ver la descripción necesaria en *Consejos para el examen* al final del capítulo.

Texto 21.3.1: Cuestiones éticas sobre los usos de la genética

SB P308

- Empiece explicando el juego de palabras "GEN-ética".
- Indíqueles que lean las cuestiones éticas que se exponen tomando notas sobre las opiniones de los alumnos acerca de la lectura.

Actividad oral individual

Alimentos transgénicos

- Descripción de la fotografía explicando que se trata de una manifestación en contra de este tipo de alimentos.
- Análisis del título explicando su doble sentido, debe mostrarse la opinión personal del alumno.
- Desarrollar el tema hablando de los beneficios o perjuicios de este tipo de alimentos.
- Conexión con otros temas opcionales: Salud, Costumbres y Tradiciones (gastronomía).

Eugenesia

- Describir la fotografía de forma detallada.
- Explicar el significado de los titulares y desarrollarlo explicando su propia postura.
- Explicar los conceptos de discriminación y racismo.
- Conexión con otros temas opcionales: Diversidad cultural, Costumbres y Tradiciones.

Diagnóstico genético

- Describir la fotografía y si es posible explicar en qué consiste la preimplantación.
- Explicar el título y desarrollar la opinión.
- Conexión con otros temas opcionales: Diversidad cultural, Salud.

Respuestas

Contenidos

Las respuestas variarán.
Elegir la categoría para cada caso y explicar las razones según el criterio personal del alumno.
Completar la tabla según sus opiniones personales en la categoría que elijan y dando sus razones.

Producción escrita

Entrevista a un científico:

- Ver "tipos de textos" para aplicar el formato
- Registro formal
- Realizar preguntas abiertas que den pie a respuestas extensas
- Contenidos basados en lo expuesto en los textos
- Llegar a una conclusión ética

Teoría del conocimiento

- Discutir su posición personal sobre el concepto moral razonándolo y justificando su opinión.
- El lenguaje adquiere nuevo vocabulario según avanza la ciencia; explorar estas modificaciones de la lengua.

Duración del capítulo

Depende del número de horas semanales. Pero como media se aconseja un periodo de 4 a 5 semanas por capítulo dedicando de dos a tres lecciones por texto, dependiendo de los niveles de dificultad.

Evaluación

Completar las actividades y las muestras de exámenes anteriores. Asegurarse de que se han cumplido los objetivos del capítulo y comprobarlo con evidencias.
Este capítulo está recomendado para alumnos de Nivel Superior.

Capítulo 21 – Respuestas a las prácticas para el examen

Noviembre 2010 TEXTO B HL — ¡UNA LIPOSUCCIÓN A LOS 14!

1 (los) adolescentes

2 las orejas

3 terminaba llorando

4 V recurrí a la liposucción como último recurso.

5 F lleva desde los 15 años (suspirando por un poco más de volumen en el escote) con 20 años se sumó a las más de 25.000 cirugías de aumento de pecho

6 F (record mundial absoluto sobre todo gracias a) chicas menores de 25 años

7 pretende

8 poner freno

9 decisiones

10 riesgos

11 C

12 B

13 más

14 quizás

15 si

16 con

TEMAS OPCIONALES: CIENCIA Y TECNOLOGÍA

IMPACTO DE LA TECNOLOGÍA EN LA SOCIEDAD

Objetivos	• Analizar el impacto de la tecnología en la sociedad • Describir los fenómenos más importantes • Explorar ciertos usos sociales de la tecnología • Comparar los diferentes tipos de medios de información en el pasado y hoy día
Contenidos y Manejo de texto	• Completar la tabla con el contenido principal • Extraer las ideas principales de un texto • Contestar preguntas de acuerdo con la información del texto • Sensibilización sobre la influencia de la tecnología en general en la sociedad y en el individuo
Destrezas productivas: descripción de estímulos visuales	• Descripción de las imágenes representadas en las fotografías • Análisis de lo que representa en el marco del contenido • Unión con otros temas/aspectos cubiertos en los Opcionales
Destrezas productivas: desarrollo de tarea y mensaje en diferentes formatos	• Diario personal • Guión • Collage visual • Performance • Película documental • Carta formal • Artículo de revista o periódico • Cuestionario
Vocabulario especializado	• Teléfono, telegrafía, proliferar, tecnologías, informática, telecomunicaciones, seguidores, callejero, multitud, enganchar, variopinto, generar, congelamiento, cobertura, confesiones, concesiones, colapsar, chatear, cosechar, pingües, distenderse…
Interculturalidad	• Significado del uso y abuso de las tecnologías en la vida diaria y la dependencia de ellas en las sociedades modernas • Comparación entre países
Tarea	• (Uso del profesor)
Notas	• (Uso del profesor)

Instrucciones detalladas (sobre cómo enfocar el capítulo)

- Lea los textos del capítulo y pida a los alumnos que busquen más información sobre cada uno de los temas. Discuta la importancia que la tecnología tiene en la vida diaria y en su vida en concreto.

- Pida a sus estudiantes que reflexionen sobre el tiempo que utilizan cada día en el Internet, con las redes sociales, con juegos, buscando información, bajando películas, etc.

- Discutan la influencia que las tecnologías tienen en la vida de cada uno y que sentirían si no pudiesen tener acceso a Internet por unos días.

Expresiones del capítulo que necesitan explicación

- Analice con sus estudiantes las siguientes expresiones y pídales que intenten utilizarlas en sus escritos. Si no las conocen, pueden buscar su explicación y origen en el Internet.
  - *la media naranja* (tu pareja)
  - *el pecho y el alma al descubierto* (abiertamente, sinceramente)
  - *una pica en Flandes* (algo complicado y de alto precio)
  - *salir a la cancha antes de tiempo* (adelantarse)
  - *temblar el pulso* (asustado, tembloroso)

- Una de las finalidades del capítulo es acostumbrar a los alumnos a utilizar unas entradas de diario en las que reflejen el uso que hacen de las distintas tecnologías a su alcance. Este diario puede convertirse en una herramienta de trabajo para todo el programa, con anotaciones sobre las nuevas palabras que el estudiante aprende y ejemplos de su uso en situaciones reales.

- Empiece por sugerir qué tipo de entradas pueden realizar en un diario: íntimas o subjetivas para uno mismo; objetivas e informativas, para otros, etc.

Ideas o sugerencias para sacarle partido a cada actividad o ejercicio

- Indique a los alumnos la importancia de las nuevas tecnologías. Discuta con ellos la influencia positiva y negativa en la sociedad y en nuestras vidas en particular.

- Los alumnos pueden añadir a la discusión otros aspectos de las tecnologías no mencionados pero que ellos utilizan con frecuencia.

- Plantee la situación en regiones donde no hay acceso fácil al Internet y sus ventajas y desventajas.

- Deben ser conscientes de la dependencia humana hacia el Internet y las nuevas tecnologías en general.

Texto 22.1.1: Flashmob: La nueva moda callejera que cobra vida a través de Internet

SB P315

- Lea el texto en clase. Pida a los alumnos que lo lean con calma y que pregunten el significado de las palabras que no entienden. Deben siempre hacer un listado con las nuevas palabras.

- Busque algunos ejemplos de flashmobs en línea en el Internet, si es posible de países en donde se hable español, y comente con los alumnos las características de este tipo de actuaciones.

- Pídales que den su opinión y que improvisen con una idea para realizar una actividad semejante en el colegio; y que traten de encontrar las ventajas que este tipo de actividad puede ofrecer y para qué puede ser útil en un entorno escolar.

Respuestas

Contenidos

1

- es una reunión preparada
- tiene un objetivo determinado
- se busca un lugar donde pueda haber un público numeroso
- busca sorprender al público
- se repiten en línea
- puede utilizar música, bailes
- se puede realizar en un programa de televisión
- se puede realizar en un supermercado
- los participantes "se quedan congelados" hasta que un silbato les permite moverse
- al terminar, todos los participantes siguen como si nada hubiera pasado

2

- Nueva York (en unos almacenes)
- Chicago (en un programa de Oprah Winfrey)
- Sevilla (en el centro de la ciudad)

Texto 22.1.2: La vida a través de la webcam

SB P316

- Pida a sus estudiantes que lean primero el texto en silencio, anoten las palabras nuevas, y busquen el significado. Después dígales que lo lean en voz alta.
- Discuta después las posibilidades que el uso de la webcam proporciona y la posibilidad de creación de documentales, de revisión de escenas de películas, entrevistas y actuaciones de grupos como los de la Escuela de Bellas Artes.
- Para practicar, los alumnos pueden utilizar la webcam para crear sus propias creaciones con este medio. Pueden optar por cualquier propuesta de la lista, pero también pueden crear algo distinto.

Respuestas

Contenidos

1   Las posibilidades son muchas: documentales; mezcla de escenas de películas profesionales con las grabadas por aficionados; declaraciones íntimas de grupos determinados; representaciones de grupos de estudiantes; puesta en escena de narraciones curiosas.

Producción escrita

- Escribir un diario anotando las dificultades o facilidades que encuentran a la hora de preparar su trabajo.
- Anotar en el diario cómo van desarrollando su creación y cómo lo organizan.
- Todo trabajo debe realizarse en español y presentarse al resto del grupo.

Actividad oral interactiva

- Una vez finalizado el trabajo, los alumnos deben presentarlo y explicar oralmente esas dificultades que fueron anotando en su diario.
- Cuando todos los alumnos hayan presentado su trabajo y explicado individualmente sus problemas o facilidades, organice un debate en el que discutan sobre las posibilidades que brinda este sistema.

Texto 22.1.3: Encontrar pareja a través de Internet

SB P317

- Pida a los alumnos que lean el texto y anoten las nuevas palabras. Deben buscar el significado. Después lea de nuevo el texto en clase y discutan sobre las ventajas y desventajas del uso del Internet para buscar pareja.
- Busque otros artículos en el Internet sobre este uso y discuta los posibles peligros del mismo.
- Organice una mesa redonda donde los alumnos se dividan en dos grupos: uno a favor y otro en contra. Unos deben centrarse en las ventajas y posibilidades. El otro en los peligros de utilizar este medio. Si es posible y útil pueden centrarse en los peligros de los jóvenes en la red.

Respuestas

Contenidos

1 Sugiera a los alumnos que den su opinión en general sobre la necesidad de buscar pareja a través de cualquier medio, y sobre la forma en que el texto presenta esta posibilidad.

Interculturalidad

En algunos países la búsqueda de pareja sigue en manos de los padres. Compare esta forma con la propuesta del capítulo de utilizar una web. Discuta en grupo las ventajas y desventajas de ambas formas.

Texto 22.1.4: Mirar y comprar arte con un clic

SB P319

- Pida a sus alumnos que lean el texto de forma individual, que anoten las palabras nuevas y que busquen el significado. Después deben leer el texto de nuevo en voz alta junto con el resto del grupo
- Analice las ventajas que tiene este tipo de compras en línea. Pregunte a sus alumnos cuantos de ellos han utilizado el Internet para realizar compras, y cuáles son las compras más comunes. Discuta con ellos si se podría usar para cualquier tipo de compras.
- Haga un listado con las cosas que sus alumnos compran, y las cosas que no compran. Busque con ellos posibles artículos en venta en línea que resulten extraños o no comunes.

Respuestas

Contenidos

1 Se utiliza para dar a entender que se ha llevado a cabo algo valioso y complicado.

2 La confidencialidad, la comodidad y la ubicuidad.

Texto 22.1.5 ¿Soy adicto a Facebook?

SB P320

- Lea el texto con los alumnos. Pregunte por las palabras que no entiendan y hágales buscar el significado en el diccionario.
- Discuta con los alumnos el valor que Facebook tiene en general; el número de usuarios; la importancia de aparecer o no en la red social; la cantidad de tiempo que pasan cada día revisando, leyendo, añadiendo información o fotos, y si realmente es vital hacerlo o no. Por qué sí o por qué no.
- Analice junto con el grupo las ventajas y desventajas que ofrece.

Respuestas

Manejo de texto

1
- Sentirse popular al ser "etiquetado"
- Sentirse halagado por visitas a su perfil
- Sentirse orgulloso del número de amigos (conocidos o no)
- Leer siempre el perfil sobre cualquier persona
- Sensación de pérdida de exclusividad al crecer Facebook
- Convencer a los amigos para que se apunten como amigos virtuales
- Convencimiento de que su fotografía en el perfil lo identifica
- Crear grupos
- Recibir felicitaciones de cumpleaños a través de Facebook
- Intentar unir los distintos grupos

2 Pida a sus estudiantes que reflexionen sobre su uso de Facebook y reconsideren si pueden formar parte del grupo de adictos, o si realmente su uso de la red es racional, útil y válido. Hágales escribir sus consideraciones personales, con ejemplos. Después pueden hacer una presentación oral sobre sus conclusiones.

Texto 22.1.6: Los adolescentes con dependencia de móvil fracasan en la escuela

SB P321

- Este es un tema que puede tener controversia en su grupo. Seguro que más de una vez ha tenido que pedir a sus alumnos que apaguen sus móviles en clase o no utilizarlos. Discuta con ellos si realmente pueden justificar lo imprescindible de tener el móvil encendido a toda hora, 24 horas al día. Si es vital recibir mensajes constantemente, incluso durante la noche, las comidas, el cine, las clases, etc.
- Hágales reflexionar sobre la falta de respeto que para algunas personas supone el uso y abuso del móvil y sobre el volumen de voz con que algunas personas contestan sus móviles.

Producción escrita

- **Opción 1:** Pida a estudiantes a realizar un cuestionario sobre el uso del móvil en el colegio. Otros pueden realizar un cuestionario sobre su uso en otros lugares.
- **Opción 2:** Los alumnos deben escribir una carta formal, con un registro formal, dirigida a los padres, recomendándoles una serie de normas para el uso del móvil.

Teoría del conocimiento

- Invite a los alumnos a reflexionar sobre la relación entre comunicación y teléfonos móviles, así como otros medios tecnológicos.

- ¿Es la persona que habla más por el móvil más popular que otros que no lo usan? ¿Hay que estar siempre disponible en el teléfono o Facebook para mantener esa popularidad? ¿Tienen más amigos los que aparecen en Facebook con un número elevadísimo de "amigos"? ¿En qué consiste la amistad? ¿Eran las amistades menos importantes y decisivas en la época en que no existían los móviles o las redes sociales?

Duración del capítulo

Depende del número de horas semanales. Pero como media se aconseja un periodo de 4 a 5 semanas por capítulo dedicando de dos a tres lecciones por texto, dependiendo de los niveles de dificultad.

Evaluación

Completar las actividades y las muestras de exámenes anteriores. Asegurarse de que se han cumplido los objetivos del capítulo y comprobarlo con evidencias.

Capítulo 22 – Respuestas a las prácticas para el examen
Mayo 2010 TEXTO D HL — E-LEARNING: VENTAJAS Y DESVENTAJAS

Propósito comunicativo: Argumentación controvertida. Discurso.

A. Interacción cultural:

- Registro semiformal
- Actitud exhortativa
- Deberán aparecer algún tipo de encabezamiento y cierre

B. Mensaje:

La copia literal de secciones breves del texto no constituye "copia indebida": se considera que el alumno ha copiado indebidamente si copia una sección (que puede ser larga o breve) pero no la utiliza de forma apropiada ni la incorpora de forma que tenga sentido en la respuesta.

El alumno deberá mencionar algunos de los siguientes datos en cualquier orden:

1 La homogeneidad hace que los contenidos puedan ser recibidos por un gran número de estudiantes a la vez.

2 Se genera interacción a nivel mundial.

3 Para los alumnos los precios no son caros (porque los cursos se replican para muchos alumnos en cualquier tiempo y en cualquier lugar).

4 A menudo es el propio alumno el que marca el ritmo de aprendizaje.

5 Todos se benefician de la circunstancia de que pueden acceder cuantas veces quieran al material de la red.

6 La rapidez de información es otro de los grandes méritos del sistema.

7 La forma de transmisión propia del *e-learning* enriquece el contenido formativo en determinadas áreas.

8 Sus posibilidades tecnológicas crecen y amplían el mundo del conocimiento.

COMO AGUA PARA CHOCOLATE

Objetivos	• Familiarizarse con el lenguaje literario en prosa y en drama • Aislar elementos o pasajes esenciales en las obras leídas • Utilizar información para desarrollar el Trabajo Escrito • Practicar diferentes formatos y tipos de texto a través de las obras literarias estudiadas • Lograr un argumento razonado donde se presenten ideas de forma coherente
Comprensión del texto literario	• Caracterización de los personajes • Relaciones entre los personajes • Situaciones • Realismo mágico
Aplicaciones al trabajo escrito	• Recetario con efectos especiales • Página de diario • Crónica de la Revolución Mexicana • Entrevista a alguno de los personajes
Vocabulario especializado	• Lenguaje culinario • Localismos mexicanos • Coloquialismos
Interculturalidad	• Reflexiones sobre el bagaje cultural de la novela en las culturas de los alumnos
Tarea	• (Uso del profesor)
Notas	• (Uso del profesor)

Respuestas

Texto 23.1: Tortas de Navidad (Enero)

SB P325

Ingredientes y manera de hacerse

- Los presagios del nacimiento de Tita son que su vida va a estar llena de lágrimas: Tita nació llorando de antemano porque sabía que en esta vida le estaba negado el matrimonio.

- Los olores de la cocina influyen en la vida de Tita ya que ella los olió desde su nacimiento en la mesa: la sopa de fideos (olor de hogar, de comida casera) el tomillo, el laurel y el cilantro (hierbas aromáticas), la leche hervida (símbolo de la maternidad), los ajos (el punto picante) y la cebolla (lágrimas, frustraciones, sufrimientos).

- Tita llora para revelarse porque "*siente*" que su vida no va a ser feliz y que precisamente quien la tiraniza es su madre que la lleva en el vientre.

Texto de la novela

Relación entre Tita y Mamá Elena

- Quiere que la llamen "*mami*" porque piensa que la palabra "*mamá*" suena despectiva.
- Tita demuestra su rebeldía al usar un tono inadecuado cuando dice "*mami*"; incluso usando la palabra que su madre quiere, Tita muestra su desprecio.

Reacciones ante el anuncio de boda entre Pedro y Rosaura

- Las tres hermanas dejan lo que están haciendo para no perderse ninguna palabra de Chencha. Tita se angustia pero finge serenidad.
- Las tortas de Navidad son el platillo favorito de Tita y por eso las preparan para su cumpleaños. Irónicamente no traen felicidad sino la noticia de la boda de Pedro y Rosaura.
- "*Cambiar unos tacos por unas enchiladas*" significa que por cubrir las apariencias y cumplir la tradición no se puede romper la relación entre Pedro y Tita y ofrecer a cambio a Rosaura, que Pedro no ama.

Significado de la receta

- Tita siente como si el invierno hubiera entrado en su cuerpo porque algo ha muerto dentro de ella. Es su manera de mostrar el sufrimiento: el frío de su alma.
- La colcha simboliza la vida de Tita tejida a base de disgustos y sinsabores.

Texto 23.2: Pastel de Bodas "Chabela": (Febrero)

SB P326

Ingredientes y manera de hacerse

Elaboración del pastel

- Los ingredientes son sencillos y de primera calidad como son en la vida los sentimientos nobles y auténticos. La elaboración es complicada porque en la vida es difícil lograr que triunfen estos sentimientos.
- El proceso de la conservación de los huevos pone de manifiesto la influencia de las tradiciones antiguas. Los huevos (muy frescos) se conservan en una vasija con sebo de carnero derretido.
- Se opta por el procedimiento porque se necesitan muchos huevos para la elaboración del pastel, conecta con la trama en que, al igual que los huevos, el amor de Tita va a conservarse por mucho tiempo.

Texto de la novela

Ceremonia religiosa

- Con una apacible sonrisa de gata complacida.
- Representa la fuerza de los sentimientos de Tita.
- Tita es comparada a un gato porque los gatos necesitan cariño, pero al mismo tiempo son independientes y listos para "*sacar las uñas*".

Felicitaciones

- Las palabras de Pedro son como una refrescante brisa que enciende los restos de carbón a punto de apagarse. Le dan esperanza.
- Tita recupera su vitalidad mostrando alivio y felicidad. El aliento y la presencia de Pedro le devuelven la vida.
- La mirada de su madre la hace separarse de Pedro.

Amenazas de Mamá Elena y transcurso de la boda

- Mamá Elena amenaza a Tita, no quiere verla cerca de Pedro. Le da a entender que ella sabe lo que ocurre pero pondrá sus medios para evitarlo.
- Saludan a los invitados, brindan con ellos, bailan el vals, parten el pastel.
- Tita quiere contarle a Nacha que Pedro la ama.

Efectos del pastel de bodas

- El llanto se debe a la nostalgia por el pasado que sienten los invitados.
- Pedro hace un esfuerzo para contener las lágrimas y Mamá Elena lloraba silenciosamente.
- Significa que el matrimonio no va a ser feliz porque no hay amor, se adueña de todos la melancolía y la añoranza de su verdadero amor.
- Tita no resulta afectada porque ella ama sinceramente.

Texto 23.3: Codornices en Pétalos de Rosas (Marzo)

SB P328

Ingredientes y manera de hacerse

- Pincharse los dedos produce dolor físico, pero en este caso las rosas provienen de Pedro, entonces evitar pincharse los dedos sugiere precaución.
- Estaba pendiente para que nunca estuvieran a solas.
- Mamá Elena le da a Tita el papel de cocinera del rancho tras la muerte de Nacha.

Elaboración de la receta

- Desplumar las aves en seco, sacarles las vísceras, ponerlas a freír en mantequilla en posición graciosa: se habla de secretos de la cocina que Tita domina y Rosaura desconoce.

Texto de la novela

Contraposición de Tita y Rosaura como cocineras

- Rosaura intenta preparar la comida para ganarse el cariño de Pedro que la tiene abandonada y para competir con Tita.
- Rechaza los consejos de Tita y se molesta con ella porque no quiere someterse a Tita en algo que es superior a ella.
- La comida resultó desastrosa y toda la familia enfermó del estómago.

Comparación entre la comida elaborada por Rosaura y la elaborada por Tita

- Cuando prepara la comida Rosaura, Mamá Elena, al dirigirse a Pedro la disculpa, sin embargo en el caso de Tita le saca los defectos.
- Resultó una mezcla explosiva donde se pone de manifiesto la pasión que sienten los amantes.
- Las codornices producen en Gertrudis un efecto afrodisiaco: Tita es la emisora, Gertrudis la médium y Pedro el receptor de esa pasión amorosa.

Efectos de las codornices en Gertrudis

- El ideal masculino de Gertrudis es un revolucionario villista, un hombre oliendo a tierra, a sudor y a amaneceres en peligro.
- Intenta limpiarse la cara con un pañuelo para que igualmente, se fueran de su mente los pensamientos pecaminosos.
- Tita se ha dado cuenta inconscientemente del efecto que las codornices han producido.

Texto 23.4: Mole de Guajalote con almendras y ajonjolí (Abril)

SB P330

Ingredientes y manera de hacerse

- La receta tiene ingredientes dulces y salados.
  Dulces: Bizcocho, chocolate, azúcar; salados: almendras, caldo, cacahuates.

- También picantes y aromáticos.
  Picantes: Chiles de diversas clases, semillas de chile, ajos, pimienta; aromáticos: ajonjolí, anís, clavo, canela.
- Las texturas representan la naturaleza de los sentimientos. Hay sentimientos dulces, picantes o aromáticos. Hay amor o ternura, hay pasión u odio, hay ilusión, hay cariño, deseo, lujuria, vergüenza, hay venganza o frustración.

Texto de la novela

Preparación del platillo

- Los alimentan con nueces pequeñas para que la carne sea más sabrosa y exquisita.
- Si el guajalote se ha cebado cuidadosamente, con grano y agua, teniéndolo limpio.

Bautizo de Roberto

- Significan que el cariño de la familia se ha centrado en el nuevo miembro de ella.
- La ironía es que Tita ama a Roberto a pesar de que es el hijo de su amado Pedro y Rosaura.
- Pedro siente el amor que trasmite Tita a través de sus atenciones a Roberto.

Rosaura no puede amamantar a Roberto

- La nodriza es pariente de Nacha y considera un honor amamantar al nieto de Mamá Elena.
- El accidente de la nodriza ocurre mientras preparan el mole para el bautizo, esto da pie a pensar en el final trágico de Roberto y en la separación física de Tita y Pedro.

Tita completa la receta sola y Roberto tiene hambre

- Le dio leche de vaca, le dio té y le puso el rebozo de la nodriza para que su olor lo calmara.
- Tita le ofrece su pecho al bebé porque no podía soportar que hubiera alguien hambriento cerca de ella.

Tita amamanta a Roberto

- Esa fuerza hace que brote leche del pecho de Tita.
- Por la fuerza del pensamiento de Tita, quiere alimentar al bebé y ocurre este hecho inexplicable.
- Pedro no se sorprende porque es al único que le parece natural lo que ocurre. Piensa que es hijo suyo y de Tita, está embelesado y sonriente y demuestra gran ternura.
- Tita siente los sentimientos contradictorios que hemos visto representados en la lista de ingredientes.

Texto 23.5: Chorizo Norteño (Mayo)

SB P332

Ingredientes y manera de hacerse

Repaso de ingredientes

- Los ingredientes son ásperos y picantes como los sentimientos que describe esta parte de la novela. Por ejemplo ajos o vinagre.

Texto de la novela

Tita baña a Mamá Elena

- Tita está ausente y no le presta demasiada atención, la deja largo tiempo en el baño y quema el fondo limpio de su madre.
- Significan la ira y el enojo que tiene Tita por su madre.
- Mamá Elena insulta a Tita para vengarse de ella y acentuar su sufrimiento. Mamá Elena envidia el espíritu libre de Tita.

Pedro y su familia se han trasladado a San Antonio y las relaciones de Tita y su madre han empeorado

- Chencha quiere que Tita obedezca porque tiene miedo a la reacción de Mamá Elena.
- Se elabora porque se usa la carne de cerdo de forma económica y dura mucho tiempo sin descomponerse.
- Están recopilando alimentos porque han recibido la visita del ejército revolucionario y ellos les han vaciado la despensa.

Mamá Elena rompe sandías, separa a Pedro de Tita

- Mientras come sandía Pedro piensa en la cercanía de Tita.
- Huele entre jazmín y olores de la cocina.
- La reacción de su madre, teme que sospeche.

Tita hace un sacrificio

- Su sacrificio consiste en ocultar y fingir lo que siente, tanto física como mentalmente.

Tita vuelve a la realidad

- Chencha trae la triste noticia de la muerte de Roberto.
- Tita se desmorona y rompe la vajilla, Mamá Elena sigue trabajando y no le permite llorar.
- Roberto ha muerto de hambre.

Texto 23.6: Masa para hacer Fósforos (Junio)

SB P333

Ingredientes y manera de hacerse

Es la única receta no culinaria ya que Tita se ha negado a comer

- Tita ha perdido la razón de vivir y eso le produce un frio crónico. La colcha no logra calentarla pero ella sigue tejiéndola. Es el símbolo de su vida y sus sentimientos.
- Se deben a la ausencia de los seres queridos y la falta de sentimientos de Mamá Elena.
- El doctor no la ingresa en el manicomio sino que la lleva a su casa y allí la trata con calidez.

Texto de la novela

Explicación química del experimento

- El fósforo no arde a temperatura ambiente, pero lo hace a una temperatura elevada. Hace el experimento con un tubo lleno de mercurio y una campana de oxígeno.
- Todos nacemos con una caja de fósforos en nuestro interior pero estos no se encienden hasta que se encuentre a la persona adecuada.
- El oxígeno es el aliento de la persona amada, la vela es una música o una caricia que sirven para disparar el detonador y así se encienden los cerillos que llevamos dentro (el amor y la pasión).
- Primero nos deslumbramos con una emoción y se produce un agradable calor en el interior. La combustión nutre la energía del alma. Cada uno tiene que reconocer sus "detonadores" para que los cerillos no se humedezcan.

Sensaciones de Tita

- Las cerillas de Tita están húmedas porque está desprovista de sentimientos y sólo puede sentir ese frio crónico.
- Pedro y sus sentimientos son los detonadores de Tita.
- Los vientos malignos son como el aliento gélido, en este caso representado por Mamá Elena.

El doctor aconseja a Tita

- Tita llora al reconocer como se siente pero el doctor le ofrece la esperanza de "*secar sus cerillos*".
- El túnel de fuego ocurre cuando se prenden todos los cerillos a un tiempo y simboliza la muerte. Eso es exactamente lo que ocurre al final de la historia.

Texto 23.7: Caldo de Colita de Res (Julio)

SB P334

Ingredientes y manera de hacerse

Sentido de la receta

- Tiene que ser lo suficientemente liquido pero conservando su sabor y su sustancia.

Chencha le trae caldo a Tita

- Añora como cocinar siquiera un par de huevos, añora volver a la vida.
- Se la ha negado tener un esposo y unos hijos, aquí se representa a través de John y su hijo Alex.
- El caldo hace que Tita recupere su cordura.

Texto de la novela

Reacción de Mamá Elena

- Le sabe amargo por toda la amargura que ella lleva en su interior, es el contrapunto a los sentimientos de Tita.
- Piensa que Tita quiere envenenarla para poder casarse con el doctor.
- Encontró un alivio al quedar relegada de cuidar a su madre y que fuera Chencha quien se hiciera cargo.

Papel de Chencha

- Se presenta el no tener que hacer tareas domésticas sino solamente cuidar a Mamá Elena.
- Significa que siempre hay que pagar un precio, en este caso tener menos trabajo doméstico implica aguantar los reproches de Mamá Elena.

Enfermedad y muerte de Mamá Elena

- Chencha decide irse a su pueblo a recuperarse para olvidarse de su violación y de Mamá Elena.
- Tita la deja ir porque sabe que en el rancho no tendría salvación.
- Porque ninguna soporta el trato que les da Mamá Elena.
- Mamá Elena hace probar la comida a Tita y tomaba un vaso de leche tibia para mitigar los efectos del veneno que, según ella, le administraba Tita.

Texto 23.8: Champandongo (Agosto)

SB P335

Ingredientes y manera de hacerse

- La palabra champandongo sugiere una mezcla, un barullo, algo complicado, tanto como la situación que describe este capítulo.

Contradicciones del alma de Tita

- El llanto de Tita significa la inseguridad que siente ante los acontecimientos de la noche, tanto, que se corta un dedo.
- El motivo es su sobrina Esperanza, que la hace andar retrasada en las labores de la cocina.
- Esperanza representa la continuación de Tita, aunque ella en este caso ni siquiera intentó amamantarla.

Texto de la novela

Petición de mano

- Tita no presta atención a los detalles porque está confusa con sus sentimientos.
- Pedro y John discuten de política para no pelearse por Tita. La discusión disfraza sus verdaderos motivos para enfrentarse.

- John pide la mano y Pedro se la concede de una manera hosca, seguidamente se empiezan a hacer preparativos y John anuncia su deseo de posponer la boda para poder viajar al norte.

Compromiso

- Le recuerda el fulgor de los ojos de Pedro cuando momentos antes la miraba y recuerda un poema de Nacha.
- El poema significa que el amor por John puede secarse, pero los ojos de Pedro brillan para siempre.
- Rosaura interpreta las lágrimas como de felicidad y se siente aliviada de su culpa por haberse casado con el amor de su hermana.

Brindis

- Es la manera de demostrar su furia y su contrariedad por ese matrimonio que él no aprueba. Pedro siente celos.

La cena de pedida

- La comida produce serenidad de espíritu y buen humor entre las personas sensatas.
- Chencha tiene intervenciones graciosas para relajar el ambiente.
- Porque Tita no estaba de buen humor cuando la preparaba.
- El champandongo es un plato tan refinado que el mal temperamento no puede alterarle el gusto.

Texto 23.9: Rosca de Reyes y Chocolate (Septiembre)

SB P336

Ingredientes y manera de hacerse

- Es una receta dulce aunque con la amargura del cacao. Esta amargura puede dosificarse empleando diferentes tipos de cacao, igualmente puede dosificarse la dulzura al ponerle azúcar al gusto.

Título de la novela

- La situación de los personajes está a punto de explotar, los ánimos están verdaderamente "*como agua para chocolate*".

Elaboración de la receta

- Que el cacao esté sano, que se mezclen distintas clases de cacao, y por último, su grado de tueste.
- El cacao viene del tiempo de los aztecas y a la bebida que preparaban con él la llamaban *Txocolatl* que ha dado origen a la palabra chocolate en muchos idiomas.
- La manteca de cacao es una mezcla del aceite de cacao y aceite de almendras dulces. Sirve para hidratar los labios y cicatrizar las grietas.

Texto de la novela

Tita y Rosaura

- Pedro no presta atención a lo que cuenta y no responde a las demostraciones de cariño de su esposa. Rosaura ha engordado terriblemente y sufre de mal aliento.
- No sabía cómo reaccionar al que dirán si Pedro la abandonaba.

Rosaura le pide ayuda a Tita

- Tuvo que esforzarse para no gritarle a su hermana que esa era una idea aberrante.
- Tratando de ayudarla para que pueda recuperar su autoestima.
- Con gargarismos de agua salada y masticando hojas de menta. El mal aliento representa los malos sentimientos de Rosaura hacia su hermana y su frustración al no haberse podido ganar a Pedro.

Tita siente que ha traicionado a todos

- Tita siente sobre todo su traición a John, a su hermana y también a Pedro. A John porque le ha devuelto la libertad y las ganas de vivir, a Rosaura porque ha tenido relaciones con su marido, y a Pedro porque a pesar de todo va a casarse con John.

Efecto del platillo

- Significa el proceso de los pensamientos de Tita, como una masa envuelve a otra masa, así son sus sentimientos hacia los dos hombres que quiere.

- Antes de tomar la decisión tiene que aumentar la intensidad de los sentimientos y en eso se asemeja a la masa que tiene que crecer antes de hornearse.

Texto 23.10: Torrejas de Natas (Octubre)

SB P338

Ingredientes y manera de hacerse

Gertrudis

- Es una de las recetas favoritas de Gertrudis y colabora con la preparación mientras pone al corriente a Tita sobre su vida. Es un acercamiento entre las dos hermanas tras la separación.

- Las dos hermanas se quieren mucho, la presencia de Gertrudis hace que Tita quiera desahogarse con ella, además Gertrudis sabe toda la verdad de la historia de amor.

- Esa paz implica que no ha estado cerca de Pedro por estar ocupada con su hermana y las tropas.

Texto de la novela

El sargento Treviño

- Treviño es un sargento del ejército revolucionario que está en la tropa de Juan Alejandrez, el esposo de Gertrudis.

- La muerte por venganza del violador de su madre y de su hermana.

- Había estado enamorado de ella hasta que volvió a encontrarse con Juan, a partir de ahí es como su perro faldero.

Gertrudis y Treviño preparan las torrejas

- No son capaces de interpretarla porque ninguno de los dos tiene dotes para la cocina.

- No están claras para ellos porque no comprenden el vocabulario culinario y Gertrudis le indica que busque en un inmenso libro de cocina.

- Se refiere a la relación entre ellos y su adaptación a un ambiente más doméstico donde también existen problemas. Gertrudis busca la solución al problema de Tita.

- Logran el almíbar gracias a su voluntad y a las amenazas de Gertrudis.

Texto 23.11: Frijoles gordos con Chiles a la Tezcucana (Noviembre)

SB P340

Ingredientes y manera de hacerse

Significado de los ingredientes

- Los ingredientes son típicos como la parte básica de la escena donde la tía del doctor va formalmente a conocer a Tita, el toque exótico se basa en los problemas que tiene Tita en la preparación del platillo, que una vez más, reflejan los sentimientos de Tita.

Tita prepara el platillo

- Porque la tía Mary se había encontrado enferma y esperaron a que se restableciera.

- Tita estaba angustiada y quería cancelar la invitación, al no poder hacerlo, lo menos era obsequiar a la tía Mary con un platillo delicioso.

- Sentirse inservible, vacía, sólo quedan pequeños restos de lo que había sido su ilusión.

- Porque la visita de Gertrudis con los revolucionarios le habían dejado la despensa prácticamente vacía.

Texto de la novela

Sentimientos de Tita

- Las gallinas representan la lucha interna que ocurre en el corazón de Tita. Toda la agresividad se rebela en el ataque.
- Los pañales de Esperanza representan el cruel destino que ha sufrido Tita al no poder casarse y la continuación en la niña, que debe evitarse por todos los medios.
- Tita se da cuenta de que tanto las gallinas como los pañales han desaparecido y reflexiona que ese es el problema de su hermana que le ha prohibido acercarse a Esperanza. Ella sólo debe ocuparse de preparar la comida.

Reacción del platillo a los sentimientos de Tita

- Cuando dos personas discuten o se pelean mientras se prepara la comida, esta queda cruda porque la comida está enojada.
- Se puso a cantarles a los frijoles con amor y a evocar un momento de felicidad.
- Evoca las imágenes de su primer encuentro con Pedro en el cuarto oscuro.

Texto 23.12: Chiles en nogada (Diciembre)

SB P341

Ingredientes y manera de hacerse

Explicación de los ingredientes

- La combinación de todos los ingredientes tan variados y sofisticados pone de manifiesto las diferentes reacciones. Aquí va a triunfar el amor por partida doble, Alex y Esperanza con un futuro feliz y Pedro y Tita hacia la eternidad.

El amor como ingrediente indispensable

- Las nueces deben quedar perfectamente limpias pues un simple resto de piel amargaría la nogada. No hay lugar para la amargura en este platillo.
- Se han quedado solas porque los demás ya están cansados de los preparativos.
- Mamá Elena nunca estaba cansada y era especialista en prensar, destrozar y despellejar.

Texto de la novela

Efectos del platillo

- La primera en manifestar los efectos es Gertrudis porque recuerda la primera vez que se encontró con Juan tras los efectos de las codornices en pétalos de rosas.
- Pidiendo disculpas y retirándose a hacer el amor con cualquier pareja.
- Los novios toman sus maletas y se van de viaje aprovechando la ocasión.
- Hacían esfuerzos para controlar sus impulsos sexuales pero eran más fuertes que ellos.

John

- Es el único que no se ve afectado porque ha renunciado al amor desde que no pudo casarse con Tita. Se queda solo y se va sin alterarse.

Muerte de Pedro y Tita

- El doctor le había dicho que no podía encender todos sus cerillos a un tiempo porque provocaría el túnel de fuego.
- Tita, tras la muerte de Pedro, no tiene otra alternativa que seguirlo a la eternidad. Todo su amor y toda su pasión explotan mientras ingiere los cerillos.
- Los cuerpos de Tita y Pedro abrazados desaparecen por el túnel para encontrar su origen divino. El rancho se quema por completo lanzando destellos como de fuegos artificiales. La unión de Tita y Pedro se ha consumado para siempre.

La hija de Esperanza y el final de la novela

- El recetario sobrevive porque es el espíritu de Tita. Ella ha cocinado con amor en el rancho y ha sabido trasmitir sus sentimientos a través de la comida.

- Es el producto del amor entre Pedro y Tita. La tierra fértil es como la procreación y la continuidad de los amantes.
- A las dos les gusta la cocina y de ese modo son capaces de mostrar lo que sienten.
- Porque es su cumpleaños y es su platillo favorito como lo era de Tita. Se cocinó ese platillo para el cumpleaños de Tita en el primer capítulo de la novela.
- Tita seguirá viviendo mientras haya alguien que cocine sus recetas.

Aplicaciones al trabajo escrito

- Oriente a los alumnos en la elección del aspecto de la novela y del tipo de texto que elijan para desarrollarlo.
- No olvide que, a pesar de su labor orientativa, se trata de un trabajo independiente de los alumnos.
- Practique con ellos diversos formatos con los contenidos de la novela que mejor convengan a cada uno.
- Explíqueles en que consiste exactamente la fundamentación y cual es la manera más eficiente de escribirla.
- Recuerde que deben dedicar alrededor de 6 horas en clase para la elaboración de este trabajo.

Teoría del conocimiento

- Analizar los recursos literarios que pueden utilizarse para trasmitir la historia y como se manifiestan en esta novela en particular.
- Responder a la pregunta con la opinión personal de un modo razonado.

Duración del capítulo

Se recomienda un periodo de al menos 6 semanas para leer la novela y si es posible combinarla con la película. Es preferible leerla primeramente para obtener una comprensión general y un conocimiento del argumento. Después ver la película, y luego dedicarle tiempo capítulo a capítulo para darles tiempo a los alumnos a elegir el episodio o episodios en los que van a basar su trabajo escrito. También es aconsejable que elijan el formato (tipo de texto) que mejor se adecúe al episodio de su elección. Solamente a Nivel Superior.

Conclusión y análisis final

Comprobar que se han cumplido los objetivos y que se han seguido las pautas para la elaboración del trabajo escrito.

TEMAS LITERATURA

LAS BICICLETAS SON PARA EL VERANO

Objetivos	• Familiarizarse con el lenguaje literario en prosa y en drama • Aislar elementos o pasajes esenciales en las obras leídas • Utilizar información para desarrollar el Trabajo Escrito • Practicar diferentes formatos y tipos de texto a través de las obras literarias estudiadas • Lograr un argumento razonado donde se presenten ideas de forma coherente
Comprensión del texto literario	• Caracterización de los personajes • Relaciones entre los personajes • Cambios que ocurren entre estas relaciones en el transcurso de la obra • Análisis de la Guerra Civil Española a través de las vivencias de los personajes • Contexto dramático, lenguaje, escenificación
Aplicaciones al trabajo escrito	Sugiera a sus alumnos que elijan entre las siguientes opciones: • Escribir la página del diario de alguno de los protagonistas. (Luisito, Don Luis, Manolita) • Escribir un artículo sobre el impacto de la Guerra Civil Española en la gente de a pie • Escribir un boletín informativo o un guión para la radio, con las noticias sobre el desarrollo de la guerra • Hacer una entrevista a uno de los personajes confrontándolo según su idea política (Doña María Luisa – franquista, Anselmo – anarquista) • Cambiar la escena final de la obra para que tenga un final feliz…
Vocabulario especializado	• Guerra, hambre, paz, victoria, anarquía, socialismo, rojos, nacionales, expresiones idiomáticas coloquiales (acentúan el realismo en una obra dramática)
Interculturalidad	• Comparar la Guerra Civil Española con otros conflictos bélicos de la actualidad. Analizar si hay semejanzas, si ha habido cambios
Tarea	• (Uso del profesor)
Notas	• (Uso del profesor)

Respuestas

Prólogo

- Les parece imposible porque Madrid es una ciudad y según ellos, para que haya una guerra es necesario mucho campo o desierto. En las ciudades no puede haber batallas.
- Representa que todavía existe cierta libertad antes de que ocurra el conflicto bélico. También indica el ambiente externo antes de centrarse en los problemas íntimos de los ciudadanos.

- Se mencionan películas de la época, novelas populares y la situación en Abisinia (actual Etiopía) tras la invasión italiana. Estamos en el verano de 1936 claramente.

- Se demuestra en los razonamientos que hacen para demostrar que no puede haber una guerra en España, aluden a la situación geográfica de España. Pablo dice que antes de que lleguen a Madrid la guerra ha terminado, también pasan a hablar de otras cosas sin darle demasiada importancia.

- Luis demuestra desde el principio su amor por la lectura, su capacidad de imaginar y visualizar lo que está leyendo, pero también confiesa que en el fondo no se lo cree. Luis es serio, imaginativo, idealista pero sabe volver a la realidad y poner los pies en la tierra.

- Resulta premonitorio, precisamente eso se acentúa al presentarlo Luis y Pablo como algo incongruente. También el lugar es donde va a tener lugar una de las partes más dramáticas de la guerra, y además es donde va a terminar la obra tras los tres años de contienda.

Cuadro I (a)

- El comedor de Doña Dolores representa el estatus social y económico de la familia (la clase media), lo demuestran los balcones a la calle, las personas con menos recursos económicos vivían en pisos interiores.

- Se menciona un periódico de Madrid, donde aparecen las noticias de la violencia reinante en el país antes del estallido de la guerra. Se reseñan las rencillas entre comunistas y falangistas y ya se nota que cada bando echa la culpa al otro de la inestabilidad reinante.

- Se nota el cariño que existe entre los miembros de la familia. Deben notarse los comentarios de Doña Dolores sobre sus hijos que viven en las nubes, pero ella los apoya, la reacción de Don Luis de que a pesar de todo hay que seguir saliendo a la calle aunque también les pregunta si "estaban contentos por ignorancia".

- Don Luis suaviza las tensiones con su espíritu abierto, menciona que a las bodegas no les afecta la situación porque en España se bebe si las cosas van bien y se bebe también si las cosas van mal.

Cuadro I (b)

- La gente tiene menos dinero para pagarse caprichos, hay empleados con trabajo fijo con ciertos beneficios como pagar a plazos, o trabajos eventuales (temporales) donde no se dan préstamos sino que hay que pagar al contado.

- Ciertas expresiones para juzgar lo ocurrido y no asumir las responsabilidades, como "todo es política", aunque la Física no haya cambiado. Se mencionan los resultados de las elecciones (había ganado el Frente Popular y la derecha estaba resentida).

- Luis no tiene bicicleta porque le han suspendido la Física.

- Que cuando apruebe tendrá bicicleta (*"las bicicletas son para el verano y los aprobados para la primavera"*, es decir cada cosa a su tiempo).

- Luisito indica que da lo mismo el orden de los hechos (aprobar y comprar la bicicleta) y Don Luis acepta comprársela.

Cuadro II

- Luis le escribe a Charito un poema romántico porque es la chica que le gusta y lo expresa a través de la poesía.

- Luis le explica a Charito las rimas que ha utilizado y los símbolos que representan las mariposas o las golondrinas.

- Luis quiere la bicicleta para salir con Charito durante el verano.

Cuadro III

- Los vecinos hablan de la situación para encontrar trabajos, del asesinato de Calvo Sotelo, el miedo a la reacción de los militares (justificado según los acontecimientos posteriores), la evasión de capital y otros temas políticos.

- Don Simón muestra sus simpatías izquierdistas, menciona la Casa del Pueblo (sede del Partido Socialista Obrero Español), Doña Marcela es más conservadora y define como salvajada lo ocurrido a Calvo Sotelo.

- Nos dan una idea de cómo está la situación y de que hay un peligro eminente a punto de suceder. Muestra el exceso de confianza del partido socialista, que tan caro pagó en el transcurso de la guerra.

Cuadro IV

- Julio no es excesivamente inteligente y está profundamente enamorado de Manolita y ésta es todo lo contrario. El lenguaje refleja esta descripción perfectamente con las insinuaciones de Julio y la reacción de Manolita.

- Luisito entra anunciando la noticia que ha oído por la radio en un café con su amigo Pablo.

- Lo que más les preocupa es cómo estarán sus familiares o amigos que viven en otras ciudades, o que están de veraneo fuera de Madrid. Los vecinos van a casa de Don Luis a oír la radio, todos quieren noticias de lo que puede ocurrir.

- Hay algunos que reaccionan con expresiones políticas, hay otros que usan expresiones más coloquiales mostrando más interés personal que político.

- La radio era el medio de comunicación por excelencia en aquel momento (no todo el mundo tenía una) y aquí es a través de la radio que nos enteramos con todo detalle del estallido de la guerra.

Cuadro V (a)

- Las alusiones históricas se refieren a la toma del Cuartel de la Montaña donde hubo una matanza, la formación de milicianos que combatían en la sierra, también el interés que la República puso en la educación con la creación del Instituto Escuela.

- El casero es escultor y esculpe imágenes religiosas. Es peligroso porque había un movimiento anticlerical muy fuerte.

- Luisito en general admira a su padre en todo, pero especialmente aprecia que haya sido escritor (o que lo hubiera intentado al menos). Luis considera a su padre un hombre culto.

- Don Luis es idealista pero en el fondo es sensato, responsable y con los pies en la tierra. Quería escribir pero al tener una familia buscó un trabajo más acorde para ganar dinero y alimentarlos. Pero en el fondo, sigue siendo idealista y soñador.

Cuadro V (b)

- Manolita representa los cambios sociales y la lucha por los derechos de las mujeres y reacciona ante las críticas adversas diciendo que no le importa el que dirán.

- Don Luis reacciona como cabe esperarse, diciendo que en la profesión de cómico hay de todo como en cualquier otra profesión. No cree en los estereotipos o las etiquetas sin sentido.

- El tono trata de ser convincente y al mismo tiempo natural, pues quiere que comprendan sin imponer su voluntad. Su lenguaje apoya sus convicciones, él debe apoyar a su hija puesto que él también tuvo sus ilusiones.

- Porque en el fondo ella tampoco ve nada malo en la profesión de actriz, pero ella si tiene que guardar las apariencias.

Cuadro V (c)

- Recordarles a los espectadores, o lectores, que en el exterior hay una guerra que empieza a afectar a la vida interior de la familia.

- Las luces, el disparo que entra por la ventana, el sonido de una explosión lejana.

- Representan la incertidumbre y la ignorancia de la gente de a pie sobre cómo actuar ante lo que está ocurriendo.

- Don Luis demuestra con sus palabras que el conflicto entre las dos partes en el fondo está afectando las vidas de las personas normales, como acaba de ocurrir en su familia. Todos están en peligro.

Cuadro VII (a)

- Doña Dolores está escandalizada, Manolita con sentimientos encontrados, siente que ella no tiene una pareja y al tiempo se alegra por su hermano y lo culpa de cómo actúa; Don Luis es el más comprensivo y le encuentra la explicación más coherente.

- Representan la personalidad de los personajes. El conservadurismo de Doña Dolores, la rebeldía de Manolita y la ecuanimidad de Don Luis.

- Explicación de "*las burradas*" (según Doña Dolores) que dice Don Luis y la ingenuidad de pensar que Luisito se haya podido enamorar. Las diferentes expresiones para explicar el despertar sexual de Luisito y cómo lo interpretan tanto Doña Dolores como Don Luis.

Cuadro VII (b)

- La decisión es feudal, pues la criada es la que paga el precio de las iniciativas de Luisito. Es ella quien tiene que dejar la casa y su trabajo para mantener la decencia de la familia.

- Don Luis presenta la situación según su carácter, explica que en el caso de estas relaciones no existe ni amor ni dinero, es puro instinto, y que según las normas sociales, la solución es que María se vaya, aunque Don Luis reconoce la injusticia de la decisión.

- María está avergonzada por varias razones, comprende que las cosas tienen que ser así, pero al tiempo reconoce la cierta simpatía de Don Luis lo que le hace avergonzarse todavía más.

Cuadro VII (c)

- Explosiones de obuses cercanos a la casa, tiroteos, disparos de fusil, tableteo de ametralladoras, explosiones de granadas. Todo ello significa que la guerra ha llegado a la ciudad, que ahora el pueblo de Madrid es parte activa del conflicto bélico.

- El pueblo de Madrid está empezando a perder las esperanzas. El frente está en la Ciudad Universitaria y en la Casa de Campo, relativamente cerca del centro urbano. El gobierno ha abandonado la capital para formar sede en Valencia, los madrileños se sienten desprotegidos. Se demuestra el fracaso del gobierno republicano y la tergiversación de las noticias por parte de los dos bandos.

- En ese momento la guerra puede ganarla cualquiera. Aparece también la llegada de las brigadas internacionales en apoyo a los leales a la República.

- El final de este cuadro, y de la primera parte del drama, demuestra que la lucha está encarnizada en ambos bandos y que la contienda va a ser larga. El mal humor de Don Luis pone de manifiesto el sentimiento general de la gente.

Cuadro IX

- Anselmo dice que viene "*echando leches*", para decir que tiene prisa. Llama "*cabronada*" a la injusta situación del reparto de víveres. Menciona "*los huevos del gobierno*" para decir que son cobardes. Menciona "*hacer la puñeta*" para indicar las molestias o el fastidio que imponen a la gente. Llama "*paz cojonuda*" a una paz que sólo va a traer ventajas al pueblo. Algunas veces no usa el lenguaje malsonante porque se deja llevar por el idealismo que en ese momento de la guerra proclamaban los anarquistas.

- La presencia de Anselmo produce una cierta esperanza en la familia gracias al optimismo que muestra, pero en el fondo la familia está escéptica, no tiene tanta fe en los cambios que proclama Anselmo.

- Se pone de manifiesto este contraste en las réplicas que los personajes dan a Anselmo. Ponen objeciones que frenan el optimismo inconsciente con el realismo de los problemas de su vida diaria.

Cuadro X

- Doña Marcela representa los cambios que se están produciendo en la sociedad. Ella ha sido conservadora y ha estado casada con un socialista, pero cuando llega el divorcio ella se separa de su marido en nombre de las libertades. Aprovecha ese cambio ya que las ideas de su marido le van a impedir protestar su decisión.

- El reparto de beneficios entre los trabajadores, los recortes en el abastecimiento de las bebidas alcohólicas, la unión de parejas sin matrimonio, el divorcio.

- Era el momento de mayor incertidumbre de cómo podría ser el desenlace. Casi todo indica que los republicanos están controlando pero no se sabe por cuánto tiempo.

- Las mujeres no están de simples espectadoras, muchos hombres están en el frente y ellas tienen que hacerse cargo de las familias y de los problemas de la vida cotidiana.

- Rosa muestra la mujer liberada en el contexto conservador. Sirve para abrir los ojos de que no debe juzgarse a nadie por su pasado sino por sus acciones.

Cuadro XI

- La escena gira en torno al embarazo de Manolita causado en su relación con un miliciano al que han matado en el frente, también al descubrirse la verdad sobre el pasado de Rosa.

- Manolita actúa de acuerdo con sus sentimientos y no con las apariencias sociales. Demuestra que no ha sido engañada, que su hijo es únicamente fruto del amor, que ella hubiera vivido con José sin casarse pero que hubieran vivido juntos hasta que su amor se hubiese acabado.

- Ella lo acepta, piensa que no es la única mujer a la que le ha ocurrido lo mismo y que según están las cosas no hay tantos prejuicios sociales ante las madres solteras.

- Doña Antonia se contradice. Llama mala mujer a una persona que se porta muy bien con ella y que hasta le ha tomado afecto. Para ella si pesan más los prejuicios sociales.

- Tras la intervención de Doña Dolores se convence de que Rosa y Pedro se quieren, y que no deben importarle las críticas.

Cuadro XII

- El sótano simboliza el lugar donde se refugian durante los ataques y se ponen de manifiesto las personalidades de cada uno, igualmente a la hora de refugiarse se juntan los vecinos independientemente de sus ideas políticas. También este sótano ha servido de almacén de esculturas religiosas al casero Don Álvaro.

- Aparecen la esposa del casero Doña María Luisa y su hija Maluli. La casera es partidaria del bando nacional en contrapunto con la ideología de Don Luis.

- Hablan de las emisoras de radio de los dos bandos y la idea de Doña María Luisa de que pronto entrarán los nacionales en las ciudades, también la posición política del ex marido de Doña Marcela. Doña Antonia también parece tener más simpatías hacia el bando franquista.

- Los personajes representan a los dos bandos que se enfrentan de una forma general pero la situación es tan dramática que se aceptan y se piden ayuda. A pesar de tener diferencias políticas están unidos en la desgracia, aunque Don Luis ya menciona las posibles represalias y odios que van a quedar según quien gane la guerra.

Cuadro XIII (a)

- Basilio demuestra la prosperidad del frente nacional contra la hambruna que sufre el sitiado pueblo de Madrid. Él ha prosperado abasteciendo al frente y no puede ayudar a los que habían sido sus clientes cuando era un simple tendero.

- Anselmo era el representante de las libertades que parecen haberse perdido y cómo los sueños se han roto.

- La Segunda Guerra Mundial estalla a los pocos meses de haber acabado la contienda civil. Muestra que también Europa está dividida. Los partidarios de Hitler y Mussolini ayudan a los nacionales de Franco, mientras que los aliados no han querido comprometerse con los republicanos españoles.

Cuadro XIII (b)

- La duración de este cuadro pone de manifiesto el mayor problema que sufría la población, el hambre, y también acaba con la única muerte real de uno de los personajes.

- Hablan del recorte de raciones, de la escasez de alimentos básicos y de como todo el mundo intenta conseguir comida recurriendo a procedimientos poco honestos.

- La familia está avergonzada de haber tratado de engañar a los otros miembros sabiendo que también están hambrientos. Tratan de culpabilizar a los extraños pero saben que ellos también son culpables.

- La picaresca del episodio de las lentejas consiste en que cada uno roba una cucharada de la olla sin que los demás se den cuenta, por eso llega la sopera a la mesa prácticamente vacía.

- Don Luis es verdaderamente socialista, les dice a la familia que no es vergüenza, es hambre, lo que les ha llevado a actuar así. Don Luis querría haber sido como Máximo Gorki, sin embargo aunque tenía una ideología, nunca quiso mezclarse en política hasta que sus hijos crecieran.

- La familia, cada uno a su manera, desea que acabe el conflicto y se han quedado más tranquilos al desaparecer el sentimiento de culpa.

- La muerte de Julio vuelve a recordarnos que la guerra es real y que se ha cobrado una víctima inocente dentro de la familia protagonista.

Cuadro XIV

- El suceso histórico es el anuncio del final de la guerra con la toma por los nacionales de ciudades como Barcelona. Lo anecdótico es el bombardeo de pan para ganarse las simpatías de la población civil.

- Para Luis, Barcelona "*se ha perdido*", es decir ha caído en manos de los nacionales, para Doña María Luisa "*se ha ganado*" por la misma razón.

- Denota las simpatías que han mostrado a cada bando, el optimismo de los que se saben en el bando ganador y la incertidumbre de los perdedores aunque en el fondo todos deseen la paz.

- Doña María Luisa tiene un futuro muy halagador, su hija Maluli se va a estudiar a Suiza, su marido va a tener muchos encargos de esculturas para reponer todas las que se han destrozado por los ataques anticlericales que ha habido.

- La familia de Don Luis tiene un futuro incierto, las bodegas van a volver a sus propietarios, Luisito va a intentar acabar el bachillerato, Manolita es viuda con un hijo pequeño.

Cuadro XV

- Las represalias contra los vencidos: fueron encarcelarlos, fusilarlos; vinieron las depuraciones, los abusos.

- Doña Marcela ha descubierto que su divorcio no sirve y que a su edad es una "*recién casada*", también alude a la vuelta de su hijo y sus dudas de si va a poder recuperar su trabajo. Finalmente critica veladamente el buen aspecto de María y lanza irónicamente lo que "*tenía que haber rezado*" para tener tanta suerte.

- María ha prosperado. No se ha movido de Madrid durante la guerra y está saludable y bien alimentada en contraste con los miembros de la familia y los vecinos que están famélicos.

- Basilio ha estado en abastos y no les ha faltado de nada, parece que por una recomendación consiguió su trabajo y se quedó en "*zona nacional*".

- Los soldados vencedores son agresivos con la población de Madrid que ha estado en la otra zona, atacan a mujeres y se meten con los chicos jóvenes. Es la prepotencia de los vencedores.

- Luis menciona que no puede matricularse porque los exámenes son sólo para ex combatientes o para los que hayan pasado la guerra en la zona nacional.

- El padre de Pablo ha sido nombrado jefe de Correos en La Coruña, ciudad que fue tomada por los nacionales relativamente pronto en la contienda, ahora con la victoria, lo trasladan a Barcelona. También sus hermanos, hasta el que decía que era comunista, se han unido a los vencedores.

- El anís que trae Pablo es mejor que el que vendía Don Luis en las bodegas. La familia no tiene nada que ofrecer a Pablo y es esa botella de anís la que hace que puedan beber de un modo simbólico por el futuro.

Epílogo

- Don Luis puede ser depurado y hasta encarcelado por formar parte del sindicato. Luisito ha conseguido un puesto de chico de los recados gracias a Doña María Luisa, lo cual le va a impedir seguir estudiando. Además si su padre va a la cárcel el tendrá que hacerse cargo de la familia.

- "*Paz*" hubiera significado el final del conflicto bélico y la vuelta a una vida en armonía. "*Victoria*" es el orgullo de los vencedores que conduja a la formación de "*Las Dos Españas*" que duró los cuarenta años de dictadura franquista.

- Luis quería la bicicleta para salir con una chica. Hoy, tras la guerra, le parece una niñería.

- Otro verano llegó tras la instauración democrática a la muerte del dictador.

Aplicaciones al Trabajo Escrito

- Oriente a los alumnos en la elección del aspecto de la obra dramática y el tipo de texto que elijan para desarrollarlo.

- No olvide que, a pesar de su labor orientativa, se trata de un trabajo independiente de los alumnos.

- Practique con ellos como usar diferentes formatos con los contenidos del drama que mejor se ajusten a cada uno.

- Explíqueles en qué consiste la fundamentación y cuál es la manera más eficiente de escribirla.

- Recuerde que deben dedicarse alrededor de 6 horas de clase para la elaboración de este trabajo escrito.

Teoría del conocimiento

- Los alumnos deben analizar los recursos literarios del arte dramático y sus aplicaciones para presentar asuntos históricos.
- Se pueden expresar las diferencias del teatro y los demás géneros literarios y la efectividad que tiene este género.
- Explicar las relaciones entre teatro y cine de un modo personal y razonado. Puede compararse la adaptación cinematográfica de un trabajo literario.

Duración del capítulo

Se recomienda un periodo de al menos 6 semanas para leer el drama y si es posible combinarlo con la película. Es preferible leerlo primeramente para obtener una comprensión general y un conocimiento del argumento. Después ver la película, y luego dedicarle tiempo cuadro a cuadro para darles tiempo a los alumnos a elegir el episodio o episodios en los que van a basar su trabajo escrito. También es aconsejable que elijan el formato (tipo de texto) que mejor se adecúe al episodio de su elección. Solamente a Nivel Superior.

Conclusión y análisis final

Comprobar que se han cumplido los objetivos y que se han seguido las pautas para la elaboración del trabajo escrito.

TEORÍA DEL CONOCIMIENTO

Objetivos	• Analizar la importancia de la lengua y el conocimiento
	• Reflexionar sobre la didáctica de la lengua
	• Considerar el valor de las traducciones y el conocimiento de lenguas
	• Considerar el problema de la extinción de lenguas y su repercusión
	• Discutir sobre el significado de palabras en distintas lenguas
Contenidos y Manejo de texto	• Leer los distintos textos y discutir sobre las ideas propuestas
Vocabulario especializado	• Conocimiento, inherente, comportamiento, evidenciarse, adquisición de lenguas, destrezas, competencias, arraigado, alterar, identidad, dialecto, variante lingüística, simbolismo…
Interculturalidad	• Comparación de la situación de las lenguas en cada región o país representado por los alumnos, o aquellos países de su interés
	• Propiciar el diálogo abierto sobre la importancia de las diversas lenguas de cada país
	• Reflexionar sobre la idea de dialectos o lenguas y variantes
Tarea	• (Uso del profesor)
Notas	• (Uso del profesor)

Instrucciones detalladas (sobre cómo enfocar el capítulo)

• Lea los textos del capítulo y pida a los alumnos que busquen más información sobre cada uno de los temas. Discuta la importancia que la lengua tiene en la vida diaria y en su vida en concreto. Pida a sus estudiantes que reflexionen su propio uso de las lenguas maternas y del conocimiento sobre lenguas extranjeras.

• Discutan la influencia que el conocimiento de otras lenguas tiene en el individuo y la sociedad.

• Plantee casos diversos de lenguas dominantes y dominadas.

• Analice con sus alumnos algunas de las lenguas dominantes y la historia de cada una de ellas. Puede hacerlo en grupos o individualmente, de acuerdo con los intereses de cada uno de los integrantes del grupo.

• Una de las finalidades del capítulo es acostumbrar a los alumnos a *pensar, cuestionar, reflexionar, discutir, escuchar, compartir ideas*, etc. Los alumnos deben relacionar el tema del conocimiento y la lengua como vehículo.

• Puede agregar aspectos que los mismos estudiantes propongan respecto a las lenguas y el conocimiento. Invíteles a ser críticos, reflexivos, y respetuosos hacia las opiniones distintas.

Ideas o sugerencias para sacarle partido a cada actividad o ejercicio

• Lea cada uno de los textos y deje que los mismos estudiantes encuentren las ideas principales y las discutan de la forma que prefieran. La discusión será más rica si parte de ellos mismos.

26 CLAVES PARA EL ÉXITO EN LA ASIGNATURA DE ESPAÑOL B (NM/NS)

Objetivos	• Conocer en detalle el programa de Español B (NM y NS) • División del programa en temas (troncales y opcionales) • Comprender los criterios de evaluación • Entender las formas de evaluación
Comprensión de lectura	• El profesor debe asegurarse de que los alumnos conocen el programa, las distintas formas de evaluación, lo que se espera de ellos en cada parte, los criterios de evaluación, el tipo de destrezas que deben desarrollar y mejorar, así como los temas que deben conocer
Vocabulario especializado	• Evaluación, criterios, descriptores, nivel, temas troncales, temas opcionales, destrezas productivas, interactivas y receptivas, aspectos, interculturalidad, intertextualidad…
Interculturalidad	• Uno de los apartados importantes del nuevo programa de Español B es el concepto de *Interculturalidad*. Se espera que los alumnos junto con el profesor, conozcan la cultura de los países en donde se habla el español, y que también sean capaces de comparar con su propia cultura y lengua. El profesor es fundamental a la hora de conseguir este aspecto. Un gran respeto por las semejanzas y diferencias entre los países y culturas es el factor principal, así como un profundo interés por conocer esas semejanzas y esas diferencias y aceptarlas de forma respetuosa, dándoles el valor que merecen.
Tarea	• (Uso del profesor)
Notas	• (Uso del profesor)

- Este capítulo tiene como principal objetivo ayudar a los alumnos a conocer a fondo el programa de estudio: Español B, a nivel superior, (NS), y a nivel medio, (NM).

- Se recomienda asegurarse de que los alumnos prestan atención a los consejos para conseguir ese conocimiento del programa que redundará en su beneficio a la hora de realizar los ejercicios, actividades orales y escritas, y a la hora de prepararse para las distintas evaluaciones del programa.

- Reparta entre los alumnos los criterios que aparecen en la guía, y pídales que los tengan siempre presentes en clase y a la hora de realizar las tareas encargadas. Tenga también una copia de los criterios a la vista en el aula de clase. Es imprescindible que los alumnos conozcan los criterios utilizados y los entiendan.

- Practique todas y cada una de las actividades orales y escritas desde el principio del programa y vaya añadiendo grados de dificultad de acuerdo con la necesidad de sus alumnos y su nivel.

- Haga un esfuerzo para que todos sus alumnos se sientan seguros a la hora de expresarse, corríjales con mucho cuidado, pero anímeles siempre a hablar y a expresar sus opiniones en español. Comparta con ellos la idea de que para aprender hay que equivocarse, que a partir de los errores van a mejorar y a aprender, y que para ello hay que arriesgarse.

- No permita en ningún momento que otros estudiantes ridiculicen a alumnos más débiles, anímeles por el contrario a ayudarse mutuamente y a apoyarse unos en otros. Saber escuchar a los demás ayudará a ampliar sus conocimientos sobre los temas tratados y también su conocimiento de la lengua, al darse cuenta de los errores propios tanto como de los demás.

- Lo más importante es conseguir que sus estudiantes se comuniquen en español y que lo hagan de forma espontánea, natural y relajada.

- Acostúmbreles a ver películas, con subtítulos primero y poco a poco sin ellos; a escuchar canciones y a memorizar algunas, a leer libros de acuerdo con su nivel de comprensión. Hay muchos cómics que pueden ser de gran utilidad en un principio, sobre todo para aprender el lenguaje coloquial e informal. La dificultad tiene que ir creciendo día a día, manteniendo la idea de que deben entender, pero también deben esforzarse y aprender algo nuevo cada día.

- A continuación se ofrece una lista con los principales propósitos comunicativos, tipos de textos y formatos para ayudar a desorrollar las destrezas productivas por escrito.

PROPÓSITOS DE LOS TEXTOS

- Descripción (objetiva)
- Narración (imaginativa/evocativa)
- Interacción (escrita/oral)
- Explicación
- Argumentación
- Análisis y crítica
- Transcripción

TIPOS de TEXTOS

- Folletos informativos
- Diarios
- Cartas
- Correos electrónicos
- Informes
- Ensayos de opinión
- Conferencias
- Discursos
- Artículos periodísticos
- Reseñas (bibliográficas/cinematográficas)
- Entrevistas
- Carteles/Pósters

FORMATOS

Folletos, Carteles, Pósters

1 Título
2 Frases cortas
3 Gráficos, Dibujos

Entradas/Páginas de diario

1 Fecha
2 Entrada/saludo
3 Tono íntimo
4 Despedida

Cartas (Formales)

1 Fecha y lugar

2 Encabezamiento/saludo formal

3 Contenidos (registro y tono formal)

4 Despedida formal

5 Firma

6 (Posdata)

Cartas (Informales)/Correos electrónicos

1 Fecha

2 Saludo informal

3 Contenidos (registro y tono informal)

4 Despedida corta y firma

Informes

1 Título

2 Contenidos objetivos

3 Explicación apoyada en ejemplos

4 Cierre

Ensayos de opinión

1 Titulo/Tema

2 Desarrollo (opinión personal apoyada con ejemplos concretos)

3 Conclusión

Conferencias/Discursos

1 Saludo al público (en general)

2 Dependiendo del público al que se dirige: Registro formal/informal

3 Contenido apropiado

4 Conclusión

5 Despedida adecuada

Artículos periodísticos

1 Título (y nombre del autor)

2 Explicación del tema/aspecto

3 Posición del autor

4 (Firma/nombre del autor)

Reseñas bibliográficas o cinematográficas

1 Presentación del contenido (libro o película)

2 Valoración

3 Distinción de aspectos positivos y negativos

4 Recomendaciones

5 Conclusión

Entrevistas

1 Presentación del personaje entrevistado y saludo

2 Forma de dialogo (iniciales de identificación)

3 Preguntas organizadas

4 Respuestas coherentes y detalladas

5 Registro variable (depende de entrevistador/entrevistado)

6 Agradecimientos y despedida